盐铁论

[西汉] 桓宽 编著

本与末之龃龉

战与和之相持

官与民之争辩

苏州新闻出版集团

古吴轩出版社

图书在版编目（CIP）数据

盐铁论 ／（西汉）桓宽编著. -- 苏州 ：古吴轩出版社，2024.3

ISBN 978-7-5546-2322-0

Ⅰ. ①盐… Ⅱ. ①桓… Ⅲ. ①《盐铁论》 Ⅳ. ①F092.2

中国国家版本馆CIP数据核字（2024）第049898号

责任编辑： 胡敏韬
策　　划： 村　上　牛宏岩
装帧设计： 侯茗轩

书　　名：盐铁论
编　　著： [西汉]桓宽
出版发行： 苏州新闻出版集团
　　　　　　古吴轩出版社
　　　　　　地址：苏州市八达街118号苏州新闻大厦30F
　　　　　　电话：0512-65233679　　　邮编：215123
出 版 人： 王乐飞
印　　刷： 唐山市铭诚印刷有限公司
开　　本： 880mm×1230mm　　1/32
印　　张： 7.5
字　　数： 186千字
版　　次： 2024年3月第1版
印　　次： 2024年3月第1次印刷
书　　号： ISBN 978-7-5546-2322-0
定　　价： 42.00元

如有印装质量问题，请与印刷厂联系。022-69236860

目录

本议第一

惟①始元六年②，有诏书③使丞相④、御史⑤与所举贤良⑥、文学⑦语。问民间所疾苦。

文学对曰："窃闻⑧治人之道，防淫佚⑨之原，广道德之端，抑末利⑩而开仁义，毋示以利，然后教化可兴，而风俗可移也。今郡国⑪有盐铁、酒榷⑫、均输⑬，与民争利。散敦厚之朴，成

---

① 惟：语助词，用于句首。

② 始元六年：公元前81年。始元，汉昭帝年号（前86—前80）。

③ 诏书：帝王布告臣民之书。

④ 丞相：此时丞相为田千秋。

⑤ 御史：此时御史大夫是桑弘羊。

⑥ 贤良：汉代选拔官吏的科目之一。汉文帝为询访政治得失，始诏举贤良方正能直言极谏者，中选者则授予官职。武帝时复诏举贤良或贤良文学。

⑦ 文学：汉代选拔人才的科目之一，指精通文献经典的人。

⑧ 窃闻：私下听说。窃，谦辞，用于称自己的行为，表示私自、私下。

⑨ 淫佚：佚，通"逸"，纵欲放荡。

⑩ 末利：中国历史上对经营工商业图利的贬称。

⑪ 郡国：汉初，郡和王国同为地方高级行政区域。郡直隶中央，王国由分封的诸王统治。吴楚七国之乱后，王国权力削弱，上、中级官员均由中央政府任免，王国名存实亡。

⑫ 酒榷（què）：天汉三年（前98），汉朝实行酒业官营，禁止私人经营。榷，专利，专卖。

⑬ 均输：西汉武帝时桑弘羊为调节物价、取得财政收入而采取的货物运销政策。元鼎二年（前115）实行。

贪鄙之化①。是以百姓就本②者寡，趋末者众。夫文繁则质衰，末盛则本亏。末修则民淫，本修则民悫③。民悫则财用足，民侈则饥寒生。愿罢盐铁、酒榷、均输，所以进本退末，广利农业，便也。"

大夫曰："匈奴背叛不臣④，数为寇暴⑤于边鄙，备之则劳中国⑥之士，不备则侵盗不止。先帝哀边人之久患，苦为虏所系获也，故修障塞，饬⑦烽燧⑧，屯戍以备之。边用度不足，故兴盐铁，设酒榷，置均输，蓄货⑨长财，以佐助边费。今议者欲罢之，内空府库之藏，外乏执备之用，使备塞乘城之士饥寒于边，将何以赡之？罢之，不便也。"

文学曰："孔子曰：'有国有家者，不患贫而患不均，不患寡而患不安。'⑩故天子不言多少，诸侯不言利害，大夫不言得丧。⑪畜⑫仁义以风⑬之，广德行以怀之。是以近者亲附而远者

① 化：风俗，风气。

② 就本：指从事农业根本，与工商末业相对。

③ 悫（què）：诚笃，忠厚。

④ 不臣：不向汉家臣服。

⑤ 寇暴：侵夺劫掠。

⑥ 中国：中央之国，本指中原地区，此处指汉朝统治区域。

⑦ 饬（chì）：整顿。

⑧ 烽燧（suì）：烽火。古代边防报警的烟火。

⑨ 蓄货：增加货物。

⑩ 语见《论语·季氏》。国指诸侯国。家指卿大夫采邑。

⑪ 语见《荀子·大略》。得丧，得与失。

⑫ 畜：通"蓄"，蓄积，培养。

⑬ 风：教化。

悦服。故善克者不战，善战者不师，善师者不阵。修^①之于庙堂^②，而折冲^③还师。王者行仁政，无敌于天下，恶用费哉？"

大夫曰："匈奴桀黠^④，擅恣^⑤入塞，犯厉^⑥中国，杀伐郡、县、朔方都尉，甚悖逆不轨，宜诛讨之日久矣。陛下垂^⑦大惠，哀元元^⑧之未赡，不忍暴士大夫于原野。纵难被坚执锐^⑨，有北面复匈奴之志，又欲罢盐铁、均输，扰边用，损武略，无忧边之心，于其义未便也。"

文学曰："古者，贵以德而贱用兵。孔子曰：'远人不服，则修文德以来之。既来之，则安之。'^⑩今废道德而任兵革，兴师而伐之，屯戍而备之，暴兵露师^⑪，以支久长，转输^⑫粮食无已^⑬，使边境之士饥寒于外，百姓劳苦于内。立盐铁，始张利

---

① 修：修明政治。

② 庙堂：太庙的明堂。古代帝王祭祀、议事的地方。《楚辞·九叹·逢纷》："始结言于庙堂兮，信中涂（途）而叛之。"王逸注："言人君为政举事，必告于宗庙，议之于明堂也。"后因指君主与宰辅大臣议政之处。

③ 折冲：使敌方的战车折还，意谓抵御、击退敌人。

④ 桀黠（jié xiá）：凶悍而狡猾。

⑤ 擅恣：任意，放肆。

⑥ 犯厉：侵害。

⑦ 垂：敬辞，多用于上对下的动作。此处意为施与。

⑧ 元元：庶民，众民。

⑨ 被坚执锐：被，通"披"，披坚甲，执利兵。谓投身战斗。

⑩ 语见《论语·季氏》。来，指自动前来归附。

⑪ 暴兵露师：将军队暴露在边塞原野。

⑫ 转输：转运物资。

⑬ 无已：没有止境。

官^①以给之，非长策也。故以罢之为便也。"

大夫曰："古之立国家者，开本末之途，通有无之用，市朝以一其求^②，致士民，聚万货，农商工师各得所欲，交易而退。《易》曰：'通其变，使民不倦。'^③故工不出^④，则农用乏；商不出，则宝货绝。农用乏，则谷不殖^⑤；宝货绝，则财用匮。故盐铁、均输，所以通委财^⑥而调缓急。罢之，不便也。"

文学曰："夫导民以德，则民归厚；示民以利，则民俗薄。俗薄则背义而趋利，趋利则百姓交于道而接于市。老子曰：'贫国若有余。'非多财也，嗜欲众^⑦而民躁也。是以王者崇本退末，以礼义防民欲，实^⑧菽粟^⑨货财。市商不通无用之物，工不作无用之器。故商所以通郁滞^⑩，工所以备器械，非治国之本务也。"

大夫曰："管子^⑪云：'国有沃野之饶而民不足于食者，器械不备也。有山海之货而民不足于财者，商工不备也。'陇、蜀

---

① 张利官：设立主管财利之官，指盐官、铁官、均输官等。

② 一其求：统一调剂社会需求。

③ 语见《周易·系辞下》。

④ 出：生产。

⑤ 殖：繁殖，增产。

⑥ 通委财：流通积压的货物。

⑦ 嗜欲众：欲望众多。

⑧ 实：充实。

⑨ 菽（shū）粟：豆和小米。泛指粮食。

⑩ 通郁滞：流通积压的货物。

⑪ 管子：即管仲。春秋初期著名政治家。

之丹漆旄羽①，荆、扬之皮革骨象②，江南之枏梓竹箭③，燕、齐之鱼盐旃裘④，兖、豫之漆丝绨纻⑤，养生送终之具也，待商而通，待工而成。故圣人作为舟楫⑥之用，以通川谷，服牛驾马，以达陵陆；致远穷深，所以交庶物⑦而便百姓。是以先帝建铁官以赡农用，开均输以足民财；盐铁、均输，万民所载仰⑧而取给者，罢之，不便也。"

文学曰："国有沃野之饶而民不足于食者，工商盛而本业荒也；有山海之货而民不足于财者，不务民用而淫巧⑨众也。故川源不能实漏卮⑩，山海不能赡溪壑⑪。是以盘庚⑫萃居⑬，舜藏黄金，高帝⑭禁商贾不得仕宦，所以遏贪鄙之俗，而醇至诚之风

① 丹漆旄（máo）羽：丹，朱砂。漆，油漆。旄，牦牛尾。羽，鸟羽。
② 皮革骨象：皮，兽皮。革，以动物皮加工而成的不易腐烂、柔韧、透气的材料。骨，兽骨。象，象牙。
③ 枏（nán）梓（zǐ）竹箭：枏，同"楠"，楠树，樟科，常绿乔木，小枝有黄褐色毛。梓，紫葳科，落叶乔木，叶3枚轮生或对生，宽卵形或圆卵形，大，3～5浅裂或全缘，无毛或微有毛。箭，箭竹，禾本科，秆高可达3米许，直径约10毫米，深绿色，可做箭杆。
④ 旃（zhān）裘：同"毡裘"。古代西北少数民族用兽毛制成的衣服。
⑤ 绨纻（chī zhù）：绨，细葛布。纻，苎麻布。
⑥ 楫：船桨。
⑦ 交庶物：交换各种货物。
⑧ 载仰：依赖。
⑨ 淫巧：过于奇巧而无益之物。
⑩ 漏卮（zhī）：渗漏的酒器。
⑪ 溪壑：溪谷沟壑。
⑫ 盘庚：商代国君。名旬。汤第九世孙。阳甲之弟，继阳甲即位。
⑬ 萃（cuì）居：聚众而居。
⑭ 高帝：指汉高祖刘邦。

也。排困①市井，防塞利门，而民犹为非也，况上之为利乎？传曰：'诸侯好利则大夫鄙，大夫鄙则士贪，士贪则庶人盗。'②是开利孔为民罪梯③也。"

大夫曰："往者，郡国诸侯各以其方物④贡输，往来烦杂，物多苦恶⑤，或不偿其费。故郡国置输官以相给运，而便远方之贡，故曰均输。开委府⑥于京师，以笼⑦货物。贱即买，贵则卖。是以县官不失实，商贾无所贸利，故曰平准。平准⑧则民不失职，均输则民齐劳逸。故平准、均输，所以平万物而便百姓，非开利孔而为民罪梯者也。"

文学曰："古者之赋税于民也，因其所工，不求所拙。农人纳其获，女工效其功⑨。今释其所有，责其所无。百姓贱卖货物，以便上求。间者⑩，郡国或令民作布絮，吏恣留难，与之为市。吏之所入，非独齐、阿之缣⑪，蜀、汉之布也，亦民间之所为耳。行奸卖平，农民重苦，女工再税，未见输之均也。县官猥

---

① 排困：排斥，抑制。
② 出自《说苑·贵德》。
③ 罪梯：犯罪的阶梯。
④ 方物：土产。
⑤ 苦恶：质量低劣。
⑥ 委府：储积物资的官署。
⑦ 笼：收罗，掌握。
⑧ 平准：西汉武帝时桑弘羊为调节物价、取得财政收入而采取的商业经营政策。元封元年（前110）实行。
⑨ 功：纺织品或手工制品。
⑩ 间者：近来。
⑪ 缣（jiān）：双丝的细绢。

发^①，阖门^②擅市，则万物并收。万物并收，则物腾跃。腾跃，则商贾侔^③利。自市，则吏容奸。豪吏富商积货储物以待其急，轻贾奸吏收贱以取贵，未见准之平也。盖古之均输，所以齐劳逸而便贡输，非以为利而贾^④万物也。"

---

① 猥发：乱发号令。

② 阖（hé）门：关门。

③ 侔（móu）：通"牟"，谋取。

④ 贾（gǔ）：倒卖。

力耕第二

大夫曰："王者塞天财，禁关市，执准^①守时，以轻重^②御民。丰年岁登，则储积以备乏绝；凶年恶岁，则行币物；流有余而调不足也。昔禹水汤旱^③，百姓匮乏，或相假^④以接衣食。禹以历山之金，汤以庄山之铜，铸币以赎其民，而天下称仁。往者财用不足，战士或不得禄^⑤，而山东^⑥被灾，齐、赵大饥，赖均输之畜，仓廪之积，战士以奉，饥民以赈^⑦。故均输之物，府库之财，非所以贾万民而专奉兵师之用，亦所以赈困乏而备水旱之灾也。"

文学曰："古者，十一^⑧而税，泽梁^⑨以时入而无禁，黎民咸被南亩而不失其务。故三年耕而余一年之蓄，九年耕有三年

---

① 准：物价标准。

② 轻重：以行政力量和经济手段调控物资的供求和价格水平。轻，指物价低落。重，指物价上涨。

③ 禹水汤旱：禹水，尧舜时期遭到水灾，舜命大禹治水。汤旱，传说商汤时期有七年大旱。

④ 假：借，租赁。

⑤ 禄：军饷。

⑥ 山东：战国、秦、汉通称崤山或华山以东为山东，与当时所谓关东含义相同。

⑦ 赈（zhèn）：救济。

⑧ 十一：十分之一。

⑨ 泽梁：湖泊和水坝。

之蓄。此禹、汤所以备水旱而安百姓也。草莱①不辟，田畴②不治，虽③擅山海之财，通百末之利，犹不能赡也。是以古者尚力务本而种树繁，躬耕趣时而衣食足，虽累凶年而人不病也。故衣食者民之本，稼穑④者民之务也。二者修，则国富而民安也。《诗》云'百室盈止，妇子宁止'⑤也。"

大夫曰："贤圣治家非一宝，富国非一道。昔管仲以权谲⑥霸，而纪氏以强本亡。使治家养生必于农，则舜不甄陶⑦而伊尹不为庖⑧。故善为国者，天下之下我高，天下之轻我重。以末易其本，以虚荡其实。今山泽之财，均输之藏，所以御轻重而役诸侯也。汝、汉之金，纤微之贡，所以诱外国而钓⑨胡、羌之宝也。夫中国一端之缦，得匈奴累金之物，而损敌国之用。

① 草莱：杂生的丛草。

② 田畴：田地。

③ 虽：即使。

④ 稼穑（sè）：播种曰"稼"，收获曰"穑"。泛指农业劳动。

⑤ 见于《诗经·周颂·良耜》。

⑥ 权谲（jué）：权术诡诈。

⑦ 甄陶：烧制瓦器。甄，制造陶器的转轮。

⑧ 为庖（páo）：做厨师。

⑨ 钓：诱取。

是以骡驴馲驼①，衔尾②入塞，驒騱③骒马④，尽为我畜，貆⑤貂⑥狐貉⑦，采旃⑧文罽⑨，充于内府，而璧玉珊瑚琉璃⑩，咸为国之宝。是则外国之物内流，而利不外泄也。异物内流则国用饶，利不外泄则民用给矣。《诗》曰：'百室盈止，妇子宁止。'"

文学曰："古者，商通物而不豫⑪，工致牢而不伪。故君子耕稼田鱼⑫，其实一也。商则长诈，工则饰骂⑬，内怀窥窬⑭而心不怍⑮，是以薄夫欺而敦夫薄。昔桀女乐充宫室，文绣衣裳，故伊尹高逝⑯游薄⑰，而女乐终废其国。今骡驴之用，不中牛马之

---

① 馲（tuō）驼：骆驼。

② 衔尾：前后相接。

③ 驒騱（diān xí）：畜名。似马而小。

④ 骒（yuán）马：赤毛白腹的马。

⑤ 貆（hún）：鼠类。通称灰鼠。

⑥ 貂：哺乳纲，鼬科。大如獭，四肢短，尾粗，尾毛长而蓬松，体黑褐色或紫色。皮能御寒，为珍贵皮料。古时以其尾为冠饰。

⑦ 貉（hé）：亦称"狸"。哺乳纲，食肉目，犬科。形如狐，但体较胖，尾较短。尾毛蓬松，吻尖，耳短圆。两颊有长毛。

⑧ 采旃：彩色毛织物。

⑨ 文罽（jì）：图案华美的毛织品。

⑩ 琉璃：原指一种天然宝石，有多种颜色。后亦指用黏土、长石、石青等配制烧成的一种半透明材料。

⑪ 豫：欺骗。

⑫ 田鱼：田，同"畋"，打猎。鱼，同"渔"，捕鱼。

⑬ 饰骂：饰巧，弄巧。

⑭ 窥窬（yú）：犹觊觎。谓窥伺可乘之隙。窬，状如孔洞的小户。

⑮ 怍（zuò）：惭愧。

⑯ 高逝：远离某地而去。多指归隐。

⑰ 薄：通"亳"，古都邑名。商汤时都城。

功，靡貂旄罽，不益锦绨①之实。美玉珊瑚出于昆山，珠玑②犀象出于桂林，此距汉万有余里。计耕桑之功，资财之费，是一物而售百倍其价也，一揖③而中④万钟⑤之粟也。夫上好珍怪，则淫服下流，贵远方之物，则货财外充。是以王者不珍无用以节其民，不爱奇货以富其国。故理民之道，在于节用尚本，分土井田而已。"

大夫曰："自京师东西南北，历山川，经郡国，诸殷富大都，无非街衢⑥五通，商贾之所凑，万物之所殖者。故圣人因天时，智者因地财，上士⑦取诸人，中士⑧劳其形。长沮、桀溺⑨，无百金之积，跖蹻⑩之徒，无猗顿⑪之富，宛、周、齐、鲁，商遍天下。故乃商贾之富，或累万金，追利乘羡⑫之所致也。富国

———————————

① 锦绨（tí）：鲜艳华美的丝织品。

② 玑：不圆的珠。

③ 一揖：一捧东西。揖，通"把"。

④ 中：相当于。

⑤ 万钟：指大量的粮食。钟，古量名。

⑥ 街衢（qú）：四通八达的道路。

⑦ 上士：道德高尚的人。

⑧ 中士：一般人。

⑨ 长沮（jǔ）、桀溺：孔子在周游列国过程中遇到的两个躬耕隐士，事见《论语·微子》。

⑩ 跖蹻（zhí jué）：跖蹻是指盗跖与庄蹻，古代传说中的两个大盗。出自《淮南子·主术训》。一说，跖，穿。蹻，草鞋。

⑪ 猗（yī）顿：战国时巨商。以经营河东池盐致巨富。又曾经营珠宝，以能识别宝玉著称。一说本为鲁人，陶朱公教以畜牧。他到猗氏（今山西临猗南）大畜牛羊，十年成为巨富，因称"猗顿"。

⑫ 乘羡：追逐财利。羡，有余，剩余。

何必用本农，足民何必井田也？"

文学曰："洪水滔天，而有禹之绩；河水泛滥，而有宣房之功①。商纣暴虐，而有孟津之谋②；天下烦扰，而有乘羡之富。夫上古至治，民朴而贵本，安愉而寡求。当此之时，道路罕行，市朝生草。故耕不强者无以充虚，织不强者无以掩形。虽有凑会之要，陶、宛③之术，无所施其巧。自古及今，不施而得报，不劳而有功者，未之有也。"

---

① 宣房之功：汉武帝时期，黄河在瓠（hù）子口（在今河南濮阳西南）决口。元封二年（前109），汉武帝亲临现场，指挥军民堵塞决口。事后在坝上筑宣房宫。事见《史记·河渠书》。
② 孟津之谋：周武王九年，武王与天下八百诸侯在孟津会盟，誓师伐纣。孟津，渡口名，在今河南孟州市西南河阳渡。
③ 陶、宛：陶，指陶朱公范蠡。春秋末越国大夫。字少伯，楚国宛（今河南南阳市）人。越为吴败后，赴吴为质三年（一说随越王勾践赴吴为质）。返越后助越王刻苦图强，灭吴国。功成后以勾践其人不可与共安乐，遂去。传后游齐国，称"鸱（chī）夷子皮"。到陶（今山东肥城西北陶山，一说山东定陶西北），改名"陶朱公"，以经商致富。宛，指宛孔氏。战国、秦、汉间巨商。其先魏国人，秦伐魏时迁宛（今河南南阳），经营冶铁业，兼经商，富至数千金。

通有第三

　　大夫曰："燕之涿、蓟，赵之邯郸，魏之温、轵①，韩之荥阳②，齐之临淄③，楚之宛、陈，郑之阳翟，三川④之二周⑤，富冠海内，皆为天下名都，非有助之耕其野而田⑥其地者也，居五诸之冲，跨街衢之路也。故物丰者民衍⑦，宅近市者家富。富在术数，不在劳身；利在势居，不在力耕也。"

　　文学曰："荆、扬南有桂林之饶，内有江、湖之利，左陵阳之金⑧，右蜀、汉之材，伐木而树谷，燔莱⑨而播粟，火耕而水

---

① 轵（zhǐ）：战国魏轵邑，秦置县。治今河南济源市南。隋大业初废入河内县。唐初复置，贞观元年（627）废入济源县。

② 荥（xíng）阳：在河南省中北部、黄河南岸。战国韩荥阳邑。秦置县。因在古荥泽之北，故名。

③ 临淄：以城临淄水得名。在今山东淄博市东北齐都镇。周初封吕尚于齐，建都于此，名营丘。齐胡公迁都薄姑，周厉王时，献公又迁回。春秋战国时姜齐、田齐均建都于此。

④ 三川：郡名。战国秦庄襄王元年（前249）置，以境内有河（黄河）、雒（洛）、伊三川得名。

⑤ 二周：指战国时期的西周与东周两个国家。

⑥ 田：作动词，种植。

⑦ 衍：满溢，盛多。

⑧ 金：此处指黄铜。

⑨ 燔（fán）莱：焚烧荒草。

耨①，地广而饶财；然民蹈窳②偷生，好衣甘食，虽白屋草庐，歌讴鼓琴，日给月单③，朝歌暮戚。赵、中山带大河，纂④四通神衢，当天下之蹊⑤，商贾错于路，诸侯交于道；然民淫好末，佚靡而不务本，田畴不修，男女矜饰，家无斗筲⑥，鸣琴在室。是以楚、赵之民，均贫而寡富。宋、卫、韩、梁，好本稼穑，编户齐民，无不家衍人给。故利在自惜，不在势居街衢；富在俭力趣时，不在岁司⑦羽鸠⑧也。"

大夫曰："五行⑨：东方木⑩，而丹、章有金铜之山；南方火，而交趾有大海之川；西方金，而蜀、陇有名材之林；北方水，而幽都有积沙之地。此天地所以均有无而通万物也。今

① 水耨（nòu）：灌水除草。古代的一种耕作法。
② 蹈窳（jì yǔ）：苟且懒惰。
③ 日给月单：过得了一天，过不了一个月，即"月光族"。给，丰足。单，通"殚"，尽。
④ 纂（zuǎn）：汇合，连接。
⑤ 蹊（xī）：泛指小路。
⑥ 斗筲（shāo）：筲，一种竹器，仅容一斗二升。因斗和筲都是很小的容器，故并称。
⑦ 岁司：管理农时。
⑧ 羽鸠：周时征收羽、鸠两种赋税的官吏名，此处指聚敛。
⑨ 五行：水、火、木、金、土五种物质。中国古代思想家把这五种物质作为构成万物的元素，以说明世界万物的起源和多样性的统一。春秋时产生五行相胜思想，认为五行之间有相克。
⑩ 战国秦汉五行家将五行与东南西北中相配——东方木，西方金，南方火，北方水，中央土。

吴、越之竹，隋、唐①之材，不可胜用，而曹、卫、梁、宋，采棺②转尸；江、湖之鱼，莱、黄之鲐③，不可胜食，而邹、鲁、周、韩，藜藿④蔬食。天地之利无不赡，而山海之货无不富也；然百姓匮乏，财用不足，多寡不调，而天下财不散也。"

文学曰："古者，采⑤橼⑥不斫⑦，茅茨⑧不翦⑨，衣布褐，饭土硎⑩，铸金为鉏⑪，埏埴⑫为器，工不造奇巧，世不宝不可衣食之物，各安其居，乐其俗，甘其食，便其器。是以远方之物不交，而昆山之玉不至。今世俗坏而竞于淫靡，女极纤微，工极技巧，雕素朴而尚珍怪，钻山石而求金银，没⑬深渊求珠玑，设机

---

① 隋、唐：隋，通"随"，古国名。西周初分封的诸侯国。姬姓。在今湖北随州。春秋后期成为楚国的附庸。唐，古国名。有三种说法：（1）相传为祁姓，尧的后裔。在今山西翼城西，为周成王所灭，后为其弟叔虞的封地。（2）姬姓，在今湖北随县唐县镇，公元前505年灭于楚。（3）西周时北方部族所建。在今山西太原西南，即北唐。

② 采棺：指用柞、栎之木做的棺材。

③ 鲐（tái）：亦称"鲭（qīng）"。硬骨鱼纲，鲭科。体呈纺锤形，长达60厘米，尾柄细。供鲜食、腌制或制罐头品，具经济价值。

④ 藜藿：《史记·太史公自序》："枥梁之食，藜藿之羹。"张守节《史记正义》："藜，似藿而表赤。藿，豆叶也。"多用以指粗劣的饭菜。

⑤ 采：同"棌"，栎木。

⑥ 橼（chuán）：椽子。

⑦ 斫（zhuó）：本义为大锄，引申为砍、斩。

⑧ 茅茨（cí）：用茅草盖的屋顶。

⑨ 翦：同"剪"，修剪。

⑩ 硎（xíng）：通"铏"，盛食物的器皿。

⑪ 鉏：通"锄"，锄头。

⑫ 埏埴（shān zhí）：以陶土放入模型中制成陶器。

⑬ 没：深入水中。

陷求犀象，张网罗求翡翠，求蛮、貊之物以眩①中国，徙邛②、筰③之货，致之东海，交万里之财，旷日费功，无益于用。是以褐夫匹妇，劳罢④力屈，而衣食不足也。故王者禁溢利，节漏费。溢利禁则反本，漏费节则民用给。是以生无乏资，死无转尸也。"

大夫曰："古者，宫室有度⑤，舆⑥服以庸⑦；采椽茅茨，非先王之制也。君子节奢刺俭，俭则固⑧。昔孙叔敖⑨相楚，妻不衣帛，马不秣⑩粟。孔子曰：'不可，大俭极下。'此《蟋蟀》⑪所为作也。管子曰：'不饰宫室，则材木不可胜用，不充庖厨，则禽兽不损其寿。无末利，则本业无所出，无黼黻⑫，则女工不施。'故工商梓匠⑬，邦国之用，器械之备也。自古有之，非独

---

① 眩：迷乱，迷惑。

② 邛（qióng）：汉代西南少数民族名。即"邛都夷"。分布在今四川凉山彝族自治州西昌、德昌地区。

③ 筰（zuó）：即"筰都夷"。汉代西南夷之一，分布在今四川汉源一带。

④ 罢：同"疲"，疲惫。

⑤ 度：等级制度。

⑥ 舆：指车。

⑦ 庸：功劳。

⑧ 固：鄙陋。

⑨ 孙叔敖：春秋时楚国期思（今河南淮滨东南）人，蒍氏，名敖，字孙叔，一字艾猎。楚庄王时官令尹。为政注重法治，任用贤能。

⑩ 秣（mò）：以粟米喂马。

⑪ 《蟋蟀》：《诗经·唐风》篇名。

⑫ 黼黻（fǔ fú）：古代礼服上所绣的花纹。黼，黑白相间，作斧形，刃白身黑。黻，黑青相间，作亞形。

⑬ 梓匠：梓人与匠人，木工。古代梓人造器具，匠人造房屋。

于此。弦高①贩牛于周，五羖②赁车入秦，公输子③以规矩，欧冶④以镕铸。《语》曰：'百工居肆，以致其事。'⑤农商交易，以利本末。山居泽处，蓬蒿⑥硗埆⑦，财物流通，有以均之。是以多者不独衍，少者不独馑⑧。若各居其处，食其食，则是橘柚不鬻⑨，朐⑩卤⑪之盐不出，游阙不市，而吴、唐之材不用也。"

文学曰："孟子云：'不违农时，谷不可胜食。蚕麻以时，布帛不可胜衣也。斧斤以时，材木不可胜用。田渔以时，鱼肉

----

① 弦高：春秋时郑国商人。郑穆公元年（前627），路过滑国（今河南偃师东南），遇前来偷袭的秦军，假托穆公之命以四张熟牛皮及十二头牛犒劳，表示郑已知秦军动向，同时派人回国告急，秦将孟明以为郑国有备，即退兵。

② 五羖（gǔ）：指百里奚。春秋时秦国大夫。百里氏，一说百氏，字里，名奚。原为虞大夫，虞亡时为晋所俘，作为晋献公女陪嫁之臣入秦。后出走楚，为楚人所执，又被秦穆公以五张牡黑羊皮赎回，用为大夫，世称"五羖大夫"。羖，黑色的公羊。

③ 公输子：鲁班，中国古代建筑工匠。相传姓公输，名般，亦作班、盘，或称"公输子""班输"。春秋时鲁国人，故通称"鲁班"或"鲁盘"。曾创造攻城的云梯和磨粉的砣。相传曾发明多种木作工具。被后世建筑工匠、木匠尊为"祖师"。

④ 欧冶：欧冶子，春秋时人。善铸剑。相传曾为越王勾践铸湛卢、巨阙、胜邪（一作"镆铘"）、鱼肠、纯钧五剑。又与干将为楚昭王铸龙渊、泰阿、工布（一作"工市"）三剑。

⑤ 百工居肆，以致其事：见于《论语·子张》。百工，为手工匠人的总称。

⑥ 蒿：一种野草。

⑦ 硗埆（qiāo què）：土地贫瘠。

⑧ 馑：同"堇"，缺乏。

⑨ 鬻（yù）：卖。

⑩ 朐（qú）：朐县，古县名。秦置，治今江苏连云港市西南锦屏山侧。属东海郡。

⑪ 卤：盐卤。一说卤为汉县，属安定郡，在今甘肃或宁夏回族自治境内。

不可胜食。'①若则饰宫室，增台榭②，梓匠斫巨为小，以圆为方，上成云气③，下成山林，则材木不足用也。男子去本为末，雕文刻镂，以象禽兽，穷物究变，则谷不足食也。妇女饰微治细，以成文章，极伎尽巧，则丝布不足衣也。庖宰烹杀胎卵④，煎炙齐和，穷极五味，则鱼肉不足食也。当今世，非患禽兽不损，材木不胜，患僭侈⑤之无穷也；非患无旃罽橘柚，患无狭庐糠糟也。"

① 语见《孟子·梁惠王上》。
② 榭（xiè）：建在高土台上的敞屋。
③ 云气：指云气纹，汉魏时代流行的装饰花纹之一。是一种用流畅的圆涡形线条组成的图案。一般作为神人、神兽、四神等图像的地纹，也有单独出现的。
④ 胎卵：胎生与卵生。指鸟兽。
⑤ 僭（jiàn）侈：奢侈过度。

错币第四

　　大夫曰："交币通施①，民事不及，物有所并②也。计本量委③，民有饥者，谷有所藏④也。智者有百人之功，愚者有不更本之事。人君不调，民有相妨之富也。此其所以或储百年之余，或不厌⑤糟糠也。民大富，则不可以禄使⑥也；大强，则不可以罚威也。非散聚均利者不齐。故人主积其食，守其用，制其有余，调其不足，禁溢羡，厄利涂⑦，然后百姓可家给人足也。"

　　文学曰："古者，贵德而贱利，重义而轻财。三王⑧之时，迭⑨盛迭衰。衰则扶之，倾⑩则定之。是以夏忠、殷敬、周文⑪，

---

① 交币通施：流通钱币，交换有无。

② 并：兼，合，囤积垄断。

③ 计本量委：计算农业收入，再量入为出。

④ 藏：囤积。

⑤ 厌：同"餍"，吃饱。

⑥ 以禄使：以俸禄役使。禄，俸禄。

⑦ 厄利涂：堵塞牟取暴利的途径。涂，通"途"。

⑧ 三王：指夏禹、商汤、周文王，一说夏禹、商汤和周代文王、武王。

⑨ 迭：更迭，轮流。

⑩ 倾：倒坍，倾覆。

⑪ 夏忠、殷敬、周文：这是董仲舒对夏、商、周三代行政风格的概括。忠，忠厚。敬，敬鬼神。文，礼乐典章。

庠序①之教，恭让之礼，粲然②可得而观也。及其后，礼义弛崩，风俗灭息，故自食禄之君子，违于义而竞于财，大小相吞，激转相倾。此所以或储百年之余，或无以充虚蔽形也。古之仕者不穑，田者不渔，抱关击柝③，皆有常秩，不得兼利尽物。如此，则愚智同功，不相倾也。《诗》云：'彼有遗秉，此有滞穗，伊寡妇之利。'④言不尽物也。"

大夫曰："汤、文继衰⑤，汉兴乘弊⑥。一质一文，非苟易常也。俗弊更法，非务变古也，亦所以救失扶衰也。故教与俗改，弊⑦与世易。夏后以玄贝⑧，周人以紫石⑨，后世或金钱刀布⑩。物极而衰，终始之运也。故山泽无征，则君臣同利；刀币无禁，则奸贞⑪并行。夫臣富则相侈，下专利则相倾也。"

文学曰："古者，市朝而无刀币，各以其所有易所无，抱布贸丝⑫而已。后世即有龟贝金钱，交施之也。币数变而民滋伪。夫救伪以质，防失以礼。汤、文继衰，革法易化，而殷、周道

---

① 庠（xiáng）序：中国古代的学校。
② 粲然：形容鲜明光亮。
③ 击柝（tuò）：敲梆子巡夜的人。柝，巡夜者击以报更的木梆。
④ 语见《诗经·小雅·大田》。遗秉，指成把的遗穗。滞穗，遗落的谷穗。
⑤ 继衰：承接夏桀、殷纣王衰世。
⑥ 乘弊：乘秦王朝弊政。
⑦ 弊：通"币"，货币。
⑧ 玄贝：黑色贝壳。夏朝用作货币。
⑨ 紫石：紫色石。传说周朝曾用为货币。
⑩ 刀布：古代钱币。刀，钱币形状像刀。布，钱币形状像铲子。
⑪ 奸贞：假的和真的货币。奸，指假币。贞，通"正"，指真币。
⑫ 抱布贸丝：以物易物。商品交换的一种形式。见于《诗经·卫风·氓》。

兴。汉初乘弊，而不改易，畜利变币，欲以反①本，是犹以煎止燔，以火止沸也。上好礼则民暗饰②，上好货则下死利也。"

大夫曰："文帝③之时，纵民得铸钱、冶铁、煮盐。吴王④擅鄣海泽⑤，邓通⑥专西山⑦。山东奸猾，咸聚吴国，秦、雍、汉、蜀因⑧邓氏。吴、邓钱布天下，故有铸钱之禁。禁御⑨之法立，而奸伪息，奸伪息则民不期于妄得，而各务其职，不反本何为？故统一，则民不二也；币由上⑩，则下不疑也。"

文学曰："往古，币众⑪财通而民乐。其后，稍去旧币，更行白金龟龙⑫，民多巧新币。币数易而民益疑。于是废天下诸钱，而专命水衡⑬三官作。吏匠侵利⑭，或不中式，故有薄厚轻

---

① 反：通"返"，还。
② 暗饰：谓在无人看见的地方，也注意修饬自己的品德和行为。
③ 文帝：指汉文帝（前202—前157），即刘恒。西汉皇帝。高祖之子。
④ 吴王：刘濞（前215—前154），西汉沛县丰邑中阳里（今属江苏丰县）人。刘邦之侄。封吴王。
⑤ 擅鄣海泽：擅自圈占沿海湖泽。鄣，同"障"。
⑥ 邓通：西汉蜀郡南安（今四川乐山）人。汉文帝时为黄头郎，后得宠幸，官至上大夫。文帝赏赐无数，并赐其蜀郡严道铜山，许其铸钱，故邓氏钱遍于天下。
⑦ 专西山：独占严道铜山。
⑧ 因：依附。
⑨ 禁御：禁止，制止。
⑩ 由上：指由国家统一发行。
⑪ 众：多种。
⑫ 白金龟龙：汉武帝时所铸的三种银合金钱币。自重至轻，以龙、马、龟三种图形分别。
⑬ 水衡：古官名。水衡都尉的简称。西汉元鼎二年（前115）始置，掌上林苑，兼保管皇室财物及铸钱。秩二千石。
⑭ 侵利：从中牟利。

重。农人不习，物类比之，信故疑新，不知奸贞。商贾以美贸恶①，以半易倍②。买则失实，卖则失理，其疑或③滋益甚。夫铸伪金钱以④有法，而钱之善恶无增损于故。择钱则物稽滞⑤，而用人尤被其苦。《春秋》曰：'算不及蛮、夷则不行。'故王者外不鄣海泽以便民用，内不禁刀币以通民施。"

---

① 以美贸恶：用质量好的钱币换取质量差的钱币。
② 以半易倍：用半数真钱换取成倍的假钱。
③ 或：通"惑"，疑惑。
④ 以：通"已"，已经。
⑤ 稽滞：积压。

禁耕第五

　　大夫曰：“家人①有宝器，尚函匣②而藏之，况人主之山海乎？夫权利③之处，必在深山穷泽之中，非豪民不能通其利。异时④，盐铁未笼，布衣有朐邴⑤，人君有吴王，皆盐铁初议也。吴王专山泽之饶，薄赋其民，赈赡穷乏，以成私威。私威积而逆节之心作。夫不蚤⑥绝其源而忧其末，若决吕梁⑦，沛然⑧，其所伤必多矣。太公⑨曰：‘一家害百家，百家害诸侯，诸侯害天下，王法禁之。’今放民于权利，罢盐铁以资暴强⑩，遂其贪

---

① 家人：平民。

② 函匣：盛物的匣子。

③ 权利：权势与财利，此处指盐铁之类的财富。

④ 异时：往时，从前。

⑤ 朐邴（bǐng）：又作曹邴氏，以经营冶铁成为富商。他是朐地（在今山东菏泽）人，故又称朐邴。

⑥ 蚤：通“早”。

⑦ 吕梁：山名，在山西省西部。

⑧ 沛然：充盛貌。

⑨ 太公：姜太公，周代齐国始祖。姜姓，吕氏，名望，字尚父，一说字子牙，西周初官太师（武官名），亦称“师尚父”。辅佐武王灭商有功，为西周开国大臣。后封于齐，都营丘（后称临淄，在今山东淄博东北）。

⑩ 资暴强：帮助暴徒豪强。

心，众邪群聚，私门成党，则强御日以不制，而并兼之徒奸形成也。"

文学曰："民人藏于家，诸侯藏于国，天子藏于海内。故民人以垣墙①为藏闭，天子以四海为匣匮②。天子适诸侯，升自阼阶③，诸侯纳管键④，执策而听命，示莫为主也。是以王者不畜聚，下藏于民，远浮利，务民之义；义礼立，则民化上。若是，虽汤、武生存于世，无所容其虑。工商之事，欧冶之任，何奸之能成？三桓⑤专鲁，六卿⑥分晋，不以盐铁。故权利深者，不在山海，在朝廷；一家害百家，在萧墙⑦，而不在胸邴也。"

大夫曰："山海有禁，而民不倾；贵贱有平⑧，而民不疑。

---

① 垣（yuán）墙：院墙，围墙。
② 匣匮：匣和柜。
③ 阼（zuò）阶：堂前东阶。古代宾主相见，宾升自西阶，主人立于东阶。
④ 管键：指城门钥匙。
⑤ 三桓：春秋后期掌握鲁国政权的三家贵族。即孟孙氏（一作仲孙氏）、叔孙氏、季孙氏。因三家俱出自鲁桓公，故称"三桓"。
⑥ 六卿：春秋时期，晋国大夫范氏、中行氏、智氏、韩氏、赵氏、魏氏，世为晋卿，执掌晋国政权，故世称六卿。
⑦ 萧墙：门屏。《论语·季氏》："吾恐季孙之忧，不在颛臾，而在萧墙之内也。"何晏集解引郑玄曰："萧之言肃也。墙，谓屏也。君臣相见之礼，至屏而加肃敬焉，是以谓之萧墙。"
⑧ 平：公平。

县官设衡立准①，人从所欲，虽使五尺童子适市，莫之能欺。今罢去之，则豪民擅其用而专其利。决市闾巷②，高下在口吻③，贵贱无常，端坐而民豪，是以养强抑弱而藏于跖也。强养弱抑，则齐民消；若众秽④之盛而害五谷。一家害百家，不在胸邴，如何也？"

文学曰："山海者，财用之宝路⑤也。铁器者，农夫之死士⑥也。死士用，则仇雠⑦灭；仇雠灭，则田野辟；田野辟，而五谷熟。宝路开，则百姓赡而民用给，民用给则国富。国富而教之以礼，则行道有让，而工商不相豫，人怀敦朴以相接，而莫相利。夫秦、楚、燕、齐，土力⑧不同，刚柔异势，巨小之用，居句⑨之宜，党⑩殊俗易，各有所便。县官笼而一之，则铁器失其宜，而农民失其便。器用不便，则农夫罢于野而草莱不辟。草莱不辟，则民困乏。故盐冶之处，大傲⑪皆依山川，近

---

① 设衡立准：设立衡量器具，规定公平标准。
② 闾巷：街巷，里门。这里指民间的豪民。
③ 口吻：意谓豪民口头决定了物价的高低。
④ 秽：田中多草，荒芜。这里指杂草。
⑤ 宝路：宝贵的来源。
⑥ 死士：敢死之士。这里比喻铁制农具。
⑦ 仇雠（chóu）：仇敌。此处喻为田地里的杂草。
⑧ 土力：指土地产出能力。
⑨ 居句：犹言方圆直曲。
⑩ 党：古代五百家为一党。
⑪ 大傲：大抵。

铁炭，其势咸远而作剧①。郡中卒践更者，多不勘，责取庸②代。县邑或以户口赋铁，而贱平其准。良家③以道次发僦④运盐铁，烦费，百姓病苦之。愚窃见一官之伤千里，未睹其在胸邴也。"

---

① 作剧：劳动强度大。
② 庸：通"佣"，雇工。
③ 良家：汉时指医、巫、商贾、百工以外的人家。
④ 发僦（jiù）：出钱雇用车子和劳力。

复古第六

　　大夫曰："故扇水都尉彭祖宁归[1]，言：'盐铁令品[2]，令品甚明。卒徒[3]衣食县官，作铸铁器，给用甚众，无妨于民。而吏或不良，禁令不行，故民烦苦之。'令意总一盐铁，非独为利入也，将以建本抑末，离[4]朋党，禁淫侈，绝并兼之路也。古者，名山大泽不以封，为下之专利[5]也。山海之利，广泽之畜，天地之藏也，皆宜属少府[6]；陛下不私，以属大司农[7]，以佐助百姓。浮食奇民，好欲擅山海之货，以致富业，役利细民，故沮[8]事议者众。铁器兵刃，天下之大用也，非众庶所宜事也。往者，豪强大家，得管山海之利，采铁石鼓铸[9]，煮海为盐。一家

---

① 宁归：告假归家办理父母丧事。
② 令品：有关于盐铁的法律条文。
③ 卒徒：从事煮盐炼铁的更卒和刑徒。
④ 离：分开，瓦解。
⑤ 专利：垄断名山大泽的利益。
⑥ 少府：始于战国。秦、汉相沿，位列九卿。秩中二千石。掌山海池泽收入和皇室手工业制造，为皇帝的私府。
⑦ 大司农：西汉太初元年（前104）改大农令置，简称"大农"。秩中二千石。位列九卿，掌管全国租赋收支和国家财政开支。
⑧ 沮：阻止。
⑨ 鼓铸：熔金属以铸器械或钱币。

聚众，或至千余人，大抵尽收放流①人民也。远去乡里，弃坟墓，依倚大家，聚深山穷泽之中，成奸伪之业，遂朋党之权，其轻为非亦大矣！今者，广进贤之途，练②择守尉，不待去盐铁而安民也。"

文学曰："扇水都尉所言，当时之权③，一切④之术也，不可以久行而传世，此非明王所以君国子民⑤之道也。《诗》云：'哀哉为犹，匪先民是程，匪大犹是经，维迩言是听。'⑥此诗人刺不通于王道，而善为权利者。孝武皇帝攘九夷⑦，平百越⑧，师旅数起，粮食不足。故立田官，置钱⑨，入谷射⑩官，救急赡不给。今陛下继大功之勤，养劳倦之民，此用糜⑪鬻⑫之时；公卿宜思所以安集百姓，致利除害，辅明主以仁义，修润洪业之道。明主即位以来，六年于兹，公卿无请减除不急之官，省罢机

① 放流：将罪犯驱逐到边远的地方去生活或劳动的刑罚。
② 练：通"拣"，选择。
③ 权：权宜之计。
④ 一切：一时。
⑤ 君国子民：统治国家，治理子民。
⑥ 诗句见《诗经·小雅·小旻》。犹，通"猷"，谋划，规划。匪，通"非"，表示否定，犹"不"。迩言，浅近的或身边亲近者的话。
⑦ 九夷：泛指东北少数民族。
⑧ 百越：古族名。秦汉前分布于长江中下游以南，部落众多，故有百越、百粤之称。从事渔猎、农耕，以金属冶炼、水上航行著称。习断发文身，居干栏。
⑨ 置钱：国家统一铸钱。
⑩ 射：逐求。
⑪ 糜：通"糜"，煮烂。
⑫ 鬻："粥"的本字。

利之人。人权县①太久，民良望②于上。陛下宣圣德，昭明光，令郡国贤良、文学之士，乘传③诣公车④，议五帝⑤、三王之道，六艺⑥之风，册陈⑦安危利害之分，指意粲然。今公卿辨议，未有所定，此所谓守小节而遗大体，抱小利而忘大利者也。"

大夫曰："宇栋⑧之内，燕雀不知天地之高；坎井之蛙，不知江海之大；穷夫⑨否妇，不知国家之虑；负荷⑩之商，不知猗顿之富。先帝计外国之利，料胡、越之兵，兵敌弱而易制，用力少而功大，故因势变以主四夷⑪，地滨山海⑫，以属长城，北

---

① 县（xuán）：期待。
② 良望：确实期待。
③ 乘传：驿站用四匹下等马拉的车。
④ 公车：汉以公家车马递送应举的人，后因以"公车"为举人入京应试的代称。
⑤ 五帝：传说中的上古帝王。时在三皇之后、夏代以前。最早见于《荀子·非相》。有五种说法：（1）伏羲（太昊）、神农（炎帝）、黄帝、唐尧、虞舜（《易·系辞下》）；（2）黄帝、颛顼、帝喾、唐尧、虞舜（《大戴礼记·五帝德》《史记·五帝本纪》）；（3）太皞、炎帝、黄帝、少皞、颛顼（《礼记·月令》）；（4）少昊（皞）、颛顼、高辛（帝喾）、唐尧、虞舜（《帝王世纪》）；（5）黄帝、少皞、帝喾、帝挚、帝尧（《道藏·洞神部·谱录类·混元圣纪》引梁武帝说）。他们都是原始社会末期部落或部落联盟的领袖。
⑥ 六艺：儒家六部经典，即《诗》《书》《礼》《乐》《易》《春秋》。
⑦ 册陈：上书陈述。册，通"策"。
⑧ 宇栋：宇，屋檐。栋，房屋的正梁。
⑨ 穷夫：穷人。
⑩ 负荷：背负肩荷。
⑪ 四夷：古指华夏族以外的四方少数民族。
⑫ 地滨山海：使汉朝的疆域依山临海。

略①河外，开路匈奴之乡，功未卒。盖文王受命伐崇②，作邑于丰；武王继之，载尸以行，破商擒纣，遂成王业。曹沫弃三北之耻，而复侵地；管仲负当世之累，而立霸功。故志大者遗小，用权者离俗。有司思师望之计，遂先帝之业，志在绝胡貉③，擒单于④，故未遑扣扃之义⑤，而录拘儒⑥之论。"

文学曰："燕雀离巢宇⑦而有鹰隼⑧之忧，坎井之蛙离其居而有蛇鼠之患，况翱翔千仞⑨而游四海乎？其祸必大矣！此李斯⑩

---

① 略：侵夺；强取。

② 崇：指崇侯虎。

③ 胡貉：代指匈奴。

④ 单（chán）于：全称"撑犁孤涂单于"。匈奴最高首领的称号。匈奴语"撑犁"意为"天"，"孤涂"意为"子"，"单于"为"广大"之意。通常简称"单于"。

⑤ 扣扃（jiōng）之义：门外汉的议论，不切实际的空谈。扣扃，叩门，敲门。

⑥ 拘儒：固执守旧、目光短浅的儒生。

⑦ 巢宇：鸟巢。

⑧ 隼（sǔn）：泛指凶猛的鸟。

⑨ 仞：古代长度单位。陶方琦《说文仞字八尺考》谓周制为八尺，汉制为七尺，东汉末则为五尺六寸。

⑩ 李斯（？—前208）：秦朝政治家。楚上蔡（今河南上蔡西南）人。初为郡小吏，后从荀卿学。战国末入秦，初为吕不韦舍人，后被秦王政（秦始皇）任为客卿。秦统一后，任丞相，反对分封制，主张焚《诗》《书》；并以小篆为标准，整理文字，对中国文字的统一有一定贡献。秦始皇死后，他与赵高合谋篡改遗诏，迫令秦始皇长子扶苏自杀，立少子胡亥为二世皇帝，即秦二世。后为赵高所陷害，被腰斩于市。

所以折翼①，而赵高②没渊也。闻文、武受命，伐不义以安诸侯大夫，未闻弊诸夏以役③夷、狄也。昔秦常举天下之力以事胡、越，竭天下之财以奉其用，然众不能毕；而以百万之师，为一夫④之任，此天下共闻也。且数战则民劳，久师则兵弊，此百姓所疾苦，而拘儒之所忧也。"

① 折翼：折断翅膀。比喻受挫伤。
② 赵高（？—前207）：秦大臣。本赵国人。后入秦宫，管事二十余年，任中车府令，兼行符玺令事。亲近秦始皇少子胡亥。始皇死后，与李斯篡改遗诏，逼使始皇长子扶苏自杀，立胡亥为二世皇帝。任郎中令，居中用事，指鹿为马，控制朝政。后害死李斯，任中丞相；不久又杀二世，立子婴为秦王。旋为子婴所杀。
③ 役：征讨。
④ 一夫：犹独夫。指众叛亲离的暴君。

卷二

非鞅第七

大夫曰："昔商君①相秦也，内立法度，严刑罚，饬政教，奸伪无所容。外设百倍之利，收山泽之税，国富民强，器械完饰②，蓄积有余。是以征敌伐国，攘地斥境，不赋百姓而师以赡。故利用不竭而民不知，地尽西河③而民不苦。盐铁之利，所以佐百姓之急，足军旅之费，务蓄积以备乏绝，所给甚众④，有益于国，无害于人。百姓何苦尔，而文学何忧也？"

文学曰："昔文帝之时，无盐铁之利而民富；今有之而百姓困乏，未见利之所利也，而见其害也。且利不从天来，不从地出，一⑤取之民间，谓之百倍，此计之失者也。无异于愚人反裘

① 商君：商鞅（约前390—前338），战国时政治家。卫国人。公孙氏，名鞅，亦称卫鞅。初为魏相公叔痤家臣，后入秦说服秦孝公变法图强。秦孝公六年（前356年，一说在三年）任左庶长，实行变法。旋升大良造。秦孝公十二年进一步变法。后十年（前340）因战功封於（今河南内乡东）、商（今陕西商洛市东南）十五邑，号商君，因称商鞅。
② 完饰：装备齐全。
③ 地尽西河：秦国疆域拓展到西河。
④ 所给甚众：好处很多。
⑤ 一：一律，全部。

而负薪^①，爱其毛，不知其皮尽也。夫李梅^②实多者，来年为之衰；新谷熟而旧谷为之亏。自天地不能两盈^③，而况于人事乎？故利于彼者必耗于此，犹阴阳之不并曜，昼夜之有长短也。商鞅峭法长利^④，秦人不聊生，相与哭孝公。吴起^⑤长兵攻取，楚人搔^⑥动，相与泣悼王。其后楚日以危，秦日以弱。故利蓄而怨积，地广而祸构，恶在利用不竭而民不知，地尽西河而人不苦也？今商鞅之册^⑦任于内，吴起之兵用于外，行者勤于路，居者匮于室，老母号泣，怨女叹息；文学虽欲无忧，其可得也？"

大夫曰："秦任商君，国以富强，其后卒并六国而成帝业。及二世之时，邪臣擅断，公道不行，诸侯叛弛^⑧，宗庙隳亡^⑨。《春秋》曰：'末言尔，祭仲亡也。'^⑩夫善歌者使人续其声，

---

① 反裘而负薪：亦作"反裘负刍"。反穿皮衣而背柴草。《晏子春秋·杂上》："（晏子）睹弊冠反裘负刍，息于涂侧者，以为君子也，使人问焉。"比喻处事颠倒轻重本末。

② 李梅：两种水果。

③ 两盈：同时盈满。盈，充满。

④ 长利：崇尚财利。

⑤ 吴起（约前440—前381）：战国时卫国左氏（今山东菏泽市定陶区西）人。兵家。善用兵。初任鲁将，继任魏将，屡建战功，被魏文侯任为西河守。文侯死，遭陷害，逃奔楚国，初为宛守，不久任令尹，佐楚悼王实行变法。他的变法促进了楚国的富强。楚悼王死，被旧贵族杀害，变法失败。

⑥ 搔：通"骚"，骚动不安。

⑦ 册：通"策"，策略。

⑧ 叛弛：叛离。

⑨ 隳（huī）亡：毁坏。

⑩ 末言尔，祭仲亡也：语见《春秋公羊传·桓公十五年》。

善作者使人绍^①其功。椎车^②之蝉攫^③，负子之教也。周道之成，周公^④之力也。虽有裨谌^⑤之草创，无子产^⑥之润色，有文、武之规矩，而无周、吕之凿枘^⑦，则功业不成。今以赵高之亡秦而非商鞅，犹以崇虎乱殷而非伊尹也。"

文学曰："善凿者建周而不拔^⑧，善基者致高而不蹶^⑨。伊尹以尧、舜之道为殷国基，子孙绍位，百代不绝。商鞅以重刑峭法为秦国基，故二世而夺。刑既严峻矣，又作为相坐之法^⑩，造诽谤，增肉刑^⑪，百姓斋栗^⑫，不知所措手足也。赋敛既烦数矣，又外禁山泽之原，内设百倍之利，民无所开说容言^⑬。崇利而简

---

① 绍：继承。

② 椎车：用整块圆木做车轮的简陋车子。

③ 蝉攫（jué）：车轮的外圈。

④ 周公：西周初重要政治家。姬姓，名旦，亦称"叔旦"。文王之子，武王之弟。因采邑在周（今陕西岐山北），故称"周公"。曾佐武王灭商。武王死，成王年幼，由其摄政。管叔、蔡叔、霍叔等不服，联合武庚和东方夷族反叛，他出师东征，平定反叛。

⑤ 裨谌（pí chén）：春秋时期郑国大夫。郑国发布政令，先由裨谌起草，再由子产加工修饰。

⑥ 子产（？—前522）：春秋时郑国执政。名侨，字子产，一字子美。郑穆公之孙，亦称"公孙侨"；居东里，亦称"东里子产"。

⑦ 凿枘（ruì）：凿，榫眼。枘，榫头。凿枘相应，比喻互相投合。

⑧ 建周而不拔：安上榫头，周严而不脱落。

⑨ 致高而不蹶：砌上高墙，牢固而不倒塌。

⑩ 相坐之法：中国旧时因一人犯法而使有一定关系的人（如亲属、邻里或主管者等）连带受刑的制度。

⑪ 肉刑：亦称"身体刑"。残害犯罪人肉体的刑罚。中国古代的墨、劓、刖、宫以及笞、杖等刑罚都是肉刑。

⑫ 斋栗：敬谨恐惧貌。

⑬ 民无所开说容言：民众没有说话讲理的地方。

义，高力而尚功，非不广壤进地也，然犹人之病水^①，益水而疾深，知其为秦开帝业，不知其为秦致亡道也。狐刺^②之凿，虽公输子不能善其枘。畚^③土之基，虽良匠不能成其高。譬若秋蓬被霜，遭风则零落，虽有十子产，如之何？故扁鹊^④不能肉白骨，微^⑤、箕^⑥不能存亡国也。"

大夫曰："言之非难，行之为难。故贤者处实而效功，亦非徒陈空文而已。昔商君明于开塞^⑦之术，假^⑧当世之权，为秦致利成业，是以战胜攻取，并近灭远，乘^⑨燕、赵，陵^⑩齐、楚，

---

① 病水：指得了浮肿病。
② 狐刺：形容歪斜不正。
③ 畚（běn）：古代用草绳编成的容器，后也用竹、木或其他材料为之，即畚箕。
④ 扁鹊：战国时医学家。姓秦，名越人，渤海郡郑（今河北任丘北）人；一说为今山东济南市长清区一带人。学医于长桑君。有丰富的医疗实践经验，反对巫术治病。遍游各地行医，擅长各科。
⑤ 微：微子，周代宋国始祖。子姓，名启，亦作"开"。商纣王庶兄。封于微（今山西长治市潞城区东北）。
⑥ 箕：箕子，商代贵族。名胥余。纣王叔父，一说庶兄。官太师，封于箕（今山西太谷东）。见纣王淫乱暴虐，屡次劝谏。纣王不听，将其囚禁。周武王灭商后被释放。
⑦ 开塞：开疆拓土。
⑧ 假：凭借。
⑨ 乘：制服。
⑩ 陵：超越。

诸侯敛衽①，西面而向风。其后，蒙恬②征胡，斥③地千里，逾之河北，若坏朽折腐④。何者？商君之遗谋，备饬素修也。故举而有利，动而有功。夫畜积筹策，国家之所以强也。故弛废而归之民，未睹巨计而涉大道也。"

文学曰："商鞅之开塞，非不行也；蒙恬却胡千里，非无功也；威震天下，非不强也；诸侯随风西面，非不从也；然而皆秦之所以亡也。商鞅以权数危秦国，蒙恬以得千里亡秦社稷⑤：此二子者，知利而不知害，知进而不知退，故果身死而众败。此所谓恋朐⑥之智，而愚人之计也，夫何大道之有？故曰：'小人先合而后忤⑦，初虽乘马，卒必泣血⑧。'此之谓也。"

大夫曰："淑好⑨之人，戚施⑩之所妒也；贤知之士，阘茸⑪

---

① 敛衽：整理衣襟，表示恭敬。

② 蒙恬（？—前210）：秦名将。先世本齐国人，自祖父蒙骜起世代为秦名将。秦统一后，率兵三十万北击匈奴，收河南地（今内蒙古河套一带），并筑长城。驻军上郡数年，匈奴不敢犯。

③ 斥：开拓，扩大。

④ 坏朽折腐：摧枯拉朽，形容极容易摧毁。

⑤ 社稷：古代帝王、诸侯所祭的土神和谷神。亦用作国家的代称。

⑥ 恋朐：又作"挛拘""拘挛"，手脚弯曲，此处指慧根浅薄。

⑦ 小人先合而后忤：语见《淮南子·人间训》。合，迎合。忤，违逆，抵触。

⑧ 初虽乘马，卒必泣血：语见《周易·屯卦》。

⑨ 淑好：美丽。

⑩ 戚施：本是蟾蜍，四足据地，无颈，不能仰视，因以比喻貌丑驼背之人。

⑪ 阘茸（tà róng）：指地位卑微或庸碌低劣的人。

之所恶也。是以上官大夫短屈原于顷襄①，公伯寮②愬③子路于季孙。夫商君起布衣，自魏入秦，期年④而相之，革法明教，而秦人大治。故兵动而地割，兵休而国富。孝公大说，封之於、商⑤之地方五百里，功如丘山，名传后世。世人不能为，是以相与嫉其能而疵其功也。"

文学曰："君子进⑥必以道，退⑦不失义，高而勿矜⑧，劳而不伐，位尊而行恭，功大而理顺；故俗不疾其能，而世不妒其业。今商鞅弃道而用权，废德而任力⑨，峭法盛刑，以虐戾⑩为俗，欺旧交以为功，刑公族以立威，无恩于百姓，无信于诸侯，人与之为怨，家与之为雠，虽以获功见封，犹食毒肉愉饱而

---

① 顷襄：指战国楚顷襄王。

② 公伯寮：字子周，春秋鲁国人，孔子弟子。

③ 愬（sù）：通"诉"，进谗言，毁谤。

④ 期年：一年。

⑤ 於、商：地名，详见前文"商君"注。

⑥ 进：进身仕途。

⑦ 退：隐退。

⑧ 矜：自以为贤能，此处意为自大。

⑨ 任力：凭借武力。

⑩ 虐戾：残暴凶狠。

罹①其咎也。苏秦②合纵连横③，统理六国，业非不大也；桀、纣与尧、舜并称，至今不亡，名非不长也；然非者不足贵。故事不苟④多，名不苟传也。"

大夫曰："缟素⑤不能自分于缁墨⑥，贤圣不能自理⑦于乱世。是以箕子执囚，比干被刑。伍员⑧相阖闾⑨以霸，夫差⑩不

---

① 罹（lí）：遭受。

② 苏秦（？—前284）：战国时东周洛阳（今河南洛阳东）乘轩里人，字季子。奉燕昭王命至齐，从事反间活动，使齐疲于对外战争，以便攻齐为燕复仇。齐湣王末任齐相。他曾游说山东六国合纵抗秦，佩六国相印。后被齐人所杀。

③ 合纵连横：战国时七雄之间在兼并战事中拉拢与国的活动方式。弱国联合进攻强国，称为"合纵"；随从强国去进攻其他弱国，称为"连横"，亦称"合横""连衡"。战国后期，秦最强大，"合纵"指齐、楚、燕、赵、韩、魏等国联合抗秦，"连横"指这些国家中的某几国跟从秦国进攻其他国家。

④ 不苟：不随便。

⑤ 缟素：泛指白色丝织物。

⑥ 缁墨：黑色染料。

⑦ 自理：自我保全。

⑧ 伍员：伍子胥（？—前484），春秋时吴国大夫。名员，字子胥。伍奢次子。楚平王七年（前522），伍奢被杀后经宋、郑等国奔吴。后助阖闾刺杀吴王僚，夺取王位，整军经武，国势日盛。旋攻入楚都，以功封于申，故亦称"申胥"。

⑨ 阖闾（hé lú）（？—前496）：亦作"阖庐"。春秋时吴国君。吴王诸樊之子（一说夷末之子）。公元前514—前496年在位。名光。用专诸刺杀吴王僚自立。

⑩ 夫差（？—前473）：春秋时吴国君。吴王阖闾之子。公元前495—前473年在位。其听信太宰伯嚭谗言，不听伍子胥忠告，放弃劲敌越国，北上与齐、晋争霸，最后被越王勾践所灭。

道，流而杀之。乐毅^①信功于燕昭^②，而见疑于惠王。人臣尽节以徇名，遭世主之不用。大夫种^③辅翼越王，为之深谋，卒擒强吴，据有东夷，终赐属镂^④而死。骄主背恩德，听流说，不计其功故也，岂身之罪哉？"

文学曰："比干剖心，子胥鸱夷^⑤，非轻犯君以危身，强谏以干名也。憯怛^⑥之忠诚，心动于内，忘祸患之发于外，志在匡^⑦君救民，故身死而不怨。君子能行是不能御非^⑧，虽在刑戮之中，非其罪也。是以比干死而殷人怨，子胥死而吴人恨。今秦怨毒^⑨商鞅之法，甚于私仇，故孝公卒之日，举国而攻之，东西南北莫可奔走，仰天而叹曰：'嗟乎，为政之弊，至于斯极也！'卒车裂族夷，为天下笑。斯人自杀，非人杀之也。"

---

① 乐毅：战国时燕将。中山国灵寿（今河北平山东北）人。魏将乐羊后裔。燕昭王时，任亚卿。燕昭王二十八年（前284），以上将军身份率五国联军击破齐国，先后攻下七十余城，因功封于昌国（今山东淄博市东南），号"昌国君"。燕惠王即位，中齐反间计，改用骑劫为将，他被迫出奔赵国，被封于观津（今河北武邑东南），号"望诸君"。后死于赵国。

② 燕昭：燕昭王（？—前279），战国时燕国君。燕王哙庶子。公元前311—前279年在位。名职。

③ 大夫种：文种，春秋末年越国大夫。字少禽（一作"子禽"），楚国郢（今湖北荆州市荆州区西北）人。越王勾践三年（前494），越被吴击破，勾践困守会稽（今浙江绍兴市）。他献计赴吴贿赂太宰嚭求和，得免亡国。

④ 属镂（zhǔ lòu）：剑名。

⑤ 鸱夷：亦作"鸱鶷"。皮制的口袋。《国语·吴语》："王愠曰：'孤不使大夫得有见也。'乃使取申胥之尸，盛以鸱鶷，而投之于江。"

⑥ 憯怛（cǎn dá）：忧伤，痛悼。

⑦ 匡：正，纠正。

⑧ 御非：抵御别人的非难。

⑨ 怨毒：极端怨恨。

晁错第八

　　大夫曰："《春秋》之法，君亲无将[1]，将而必诛。故臣罪莫重于弑君，子罪莫重于弑父。日者[2]，淮南[3]、衡山[4]修文学，招四方游士，山东儒、墨咸聚于江、淮之间，讲议集论，著书数十篇。然卒于背义不臣，使谋叛逆，诛及宗族。晁错[5]变法易常，不用制度，迫蹙[6]宗室，侵削诸侯，蕃[7]臣不附，骨肉不亲，吴、楚积怨，斩错东市[8]，以慰三军之士而谢诸侯。斯亦谁

---

[1] 将：《春秋公羊传》把意欲弑君弑亲的行为称之为"将"，指犯罪意图。

[2] 日者：往日，从前。

[3] 淮南：指淮南王刘安（前179—前122），西汉思想家、文学家。沛郡丰（今江苏丰县）人。汉高祖之孙，袭父封为淮南王。好读书鼓琴，善为文辞，才思敏捷，奉武帝命作《离骚传》。

[4] 衡山：指衡山王刘赐，为汉高祖刘邦之孙、淮南厉王刘长之子、刘安之弟，因参与刘安谋反，案发后自杀。

[5] 晁错（前200—前154）：西汉政论家。颍川（治今河南禹州）人。初从张恢学申不害、商鞅刑名之学。文帝时，任太常掌故，曾奉命从故秦博士伏生受《尚书》。后为太子家令，得太子（即景帝）信任，号"智囊"。景帝即位，任御史大夫。提出逐步削夺诸侯王国的封地等策。不久，吴楚等七国以诛晁错为名，举兵叛乱，他为袁盎等所谮，被杀。

[6] 迫蹙（cù）：逼迫，压迫。

[7] 蕃：通"藩"。

[8] 斩错东市：《史记·袁盎晁错列传》载："吴、楚七国果反，以诛错为名。及窦婴、袁盎进说，上令晁错衣朝衣，斩东市。"

杀之乎？"

文学曰："孔子不饮盗泉之流，曾子不入胜母之间。名且恶之，而况为不臣不子乎？是以孔子沐浴而朝，告之哀公①。陈文子有马十乘②，弃而违之。《传》曰：'君子可贵可贱，可刑可杀，而不可使为乱。'若夫外饰其貌而内无其实，口诵其文而行不犹其道，是盗，固与盗而不容于君子之域。《春秋》不以寡犯众，诛绝之义有所止，不兼怨恶也。故舜之诛，诛鲧③；其举，举禹。夫以玙璠④之玭⑤，而弃其璞，以一人之罪，而兼其众，则天下无美宝信士也。晁生言诸侯之地大，富则骄奢，急即合从。故因吴之过而削之会稽，因楚之罪而夺之东海⑥，所以均轻重，分其权，而为万世虑也。弦高诞⑦于秦而信于郑，晁生忠于汉而雠于诸侯。人臣各死其主，为其国用，此解杨之所以厚于晋而薄于荆也。"

---

① 哀公：鲁哀公，姬姓，名将，是鲁国第二十六任君主。
② 有马十乘：四匹马为一乘，十乘为四十匹马。
③ 舜之诛，诛鲧（gǔn）：《尚书·尧典》载舜"殛（jí）鲧于羽山"。殛，杀戮。鲧，禹的父亲。
④ 玙璠（yú fán）：亦作"璠玙"。美玉。
⑤ 玭：通"疵"，玉的斑点。引申为事物的缺点。
⑥ 东海：郡名。秦置。楚、汉之际也称郯郡。治郯县（今山东郯城北）。西汉辖境相当于今山东临沂市、费县，江苏连云港市赣榆区以南，山东枣庄市、江苏邳州市以东和江苏宿迁市、灌南以北地区。
⑦ 诞：欺诈，虚妄。

刺权第九

大夫曰："今夫越之具区，楚之云梦，宋之钜野，齐之孟诸，有国之富而霸王之资也。人君统而守之则强，不禁则亡。齐以其肠胃予人[1]，家[2]强而不制，枝大而折干，以专巨海之富而擅鱼盐之利也。势足以使众，恩足以恤下[3]，是以齐国内倍[4]而外附。权移于臣，政坠于家，公室卑而田宗强，转毂[5]游海者盖三千乘，失之于本而末不可救。今山川海泽之原，非独云梦、孟诸也。鼓铸煮盐，其势必深居幽谷，而人民所罕至。奸猾交通山海之际，恐生大奸[6]。乘利骄溢，散朴滋伪，则人之贵本者寡。

---

① 以其肠胃予人：指齐国将物产大权交给权臣管理。肠胃，借喻中枢要地，犹腹心。

② 家：卿大夫采邑。

③ 恤下：笼络臣下。

④ 倍：通"背"，违背。

⑤ 转毂（gǔ）：车子。毂，车轮中心的圆木，周围与车辐的一端相接，中有圆孔，用以插轴。

⑥ 大奸：指叛乱。

大农盐铁丞咸阳①、孔仅②等上请：'愿募民自给费，因县官器，煮盐予用③，以杜浮伪之路。'由此观之：令意所禁微，有司之虑亦远矣。"

文学曰："有司之虑远，而权家之利近；令意所禁微，而僭奢④之道著。自利害之设，三业⑤之起，贵人之家，云行于涂，毂击于道，攘公法，申私利，跨山泽，擅官市，非特⑥巨海鱼盐也；执国家之柄，以行海内，非特田常之势、陪臣⑦之权也；威重于六卿，富累于陶、卫，舆服僭于王公，宫室溢于制度，并兼列宅，隔绝闾巷，阁道错连，足以游观，凿池曲道，足以骋骛，临渊钓鱼，放犬走兔，隆豺⑧鼎力，蹴鞠⑨斗鸡，中山⑩素女

① 大农盐铁丞咸阳：大农，大农令为秦汉时掌管全国财政经济的主管官。盐铁丞，掌管盐铁官营。咸阳，西汉齐（治今山东淄博市临淄区北）人。复姓东郭。本为大盐商，资财累千金。武帝时，与孔仅同任大农丞，领盐铁事，主管盐铁专卖，在全国各地设立盐铁专卖机构，实行盐铁官营。
② 孔仅：西汉南阳（治今河南南阳）人。本为大冶铁商。武帝时，与东郭咸阳同任大农丞，领盐铁事，主管盐铁专卖。后任大农令，官至大司农。
③ 予用：交付国家使用，即由国家收购。
④ 僭奢：僭越奢侈。
⑤ 三业：指盐铁、酒榷、均输。
⑥ 非特：非但，不但。
⑦ 陪臣：古代诸侯的大夫，对天子自称"陪臣"。
⑧ 隆豺：驯服野兽。此处指斗兽。
⑨ 蹴鞠（tà jū）：中国古代足球运动。用以练武、娱乐、健身。
⑩ 中山：西汉景帝三年（前154）置中山国，宣帝五凤三年（前55）改为郡，此后屡经更改，或郡或国。治卢奴（今定州）。

抚流徵①于堂上，鸣鼓巴俞②作于堂下，妇女被罗纨③，婢妾曳绮纻，子孙连车列骑，田猎出入，毕弋④捷健。是以耕者释耒⑤而不勤，百姓冰释⑥而懈怠。何者？己为之而彼取之，僭侈相效，上升而不息，此百姓所以滋伪而罕归本也。"

大夫曰："官尊者禄厚，本美者枝茂。故文王德而子孙封，周公相而伯禽⑦富。水广者鱼大，父尊者子贵。《传》曰：'河、海润千里。'⑧盛德及四海，况之妻子乎？故夫贵于朝，妻贵于室，富曰苟美，古之道也。《孟子》曰：'王者与人同，而如彼者，居使然也。'⑨居编户之列，而望卿相之子孙，是以跛夫之欲及楼季⑩也，无钱而欲千金之宝，不亦虚望哉！"

文学曰："禹、稷⑪自布衣，思天下有不得其所者，若己推而纳之沟中，故起而佐尧，平治水土，教民稼穑。其自任天下

---

① 抚流徵：指弹琴。抚，通"拊"，拍。流，婉转。徵，古代五音之一。

② 巴俞：古乐舞名。

③ 罗纨：泛指精美的丝织品。

④ 毕弋：毕为捕兽所用之网，弋为射鸟所用的系绳之箭。指打猎。

⑤ 耒（lěi）：古代翻土农具。

⑥ 冰释：像冰融化一样。比喻涣散或离散。

⑦ 伯禽：周代鲁国始祖。姬姓，字伯禽，亦称"禽父"。周公旦长子。周公东征灭奄（今山东曲阜）后，成王以殷民六族与商奄之地封之，国号"鲁"，建都曲阜。

⑧ 河、海润千里：语见《春秋公羊传·僖公三十一年》。

⑨ 《孟子》言见《孟子·尽心上》。彼，指那样阔气。

⑩ 楼季：战国时期魏文侯之弟，善于行走攀登。

⑪ 稷：后稷，古代周族始祖。姬姓。传说有邰氏之女姜嫄踏巨人脚迹，怀孕而生，因一度被弃，故名"弃"。善于种植粮食作物，为舜的稷官，主管农事，教民耕种。周人认为他是开始种稷、麦的人。后世祀为谷神。

如此其重也，岂云食禄以养妻子而已乎？夫食万人之力者，蒙其忧，任其劳。一人失职，一官不治，皆公卿之累①也。故君子之仕，行其义，非乐其势也。受禄以润贤②，非私其利。见贤不隐，食禄不专，此公叔之所以为文，魏成子所以为贤也。故文王德成而后封子孙，天下不以为党，周公功成而后受封，天下不以为贪。今则不然。亲戚相推，朋党相举，父尊于位，子溢于内，夫贵于朝，妻谒③行于外。无周公之德而有其富，无管仲之功而有其侈，故编户跛夫而望疾步也。"

---

① 累：过失。

② 润贤：培养贤才。

③ 妻谒（yè）：谓宫中妇女得宠弄权，多所请托。

刺复第十

　　大夫曰①为色矜而心不怿②，曰："但居者不知负载之劳，从旁议者与当局者异忧。方今为天下腹居郡③，诸侯并臻④，中外未然，心憧憧⑤若涉大川，遭风而未薄。是以夙夜思念国家之用，寝而忘寐，饥而忘食，计数不离于前，万事简阅于心。丞史器小⑥，不足与谋，独郁⑦大道，思睹文学，若俟周、邵而望高子。御史案事⑧郡国，察廉举贤才，岁不乏也。今贤良、文学臻者六十余人，怀六艺之术，骋意极论，宜若开光⑨发蒙⑩；信往而乖⑪于今，道古而不合于世务。意者不足以知士也？将多饰文诬能以乱实邪？何贤士之难睹也！自千乘倪宽⑫以治《尚书》

① 曰：通"爰"，于是。
② 怿：喜悦。
③ 腹居郡：位于中心地区的郡县。此处指京师。
④ 并臻：指一齐到来。
⑤ 憧（chōng）憧：心意不定。
⑥ 器小：器局狭隘。
⑦ 独郁：独自忧郁。
⑧ 案事：考问情事。
⑨ 开光：开拓发光的境界。
⑩ 发蒙：启发蒙昧。
⑪ 乖：背戾。
⑫ 倪宽：西汉千乘（今山东广饶）人，治《尚书》，汉武帝时任御史大夫。

位冠九卿，及所闻睹选举之士，擢升①赞宪②甚显，然未见绝伦比，而为县官兴滞立功也。"

文学曰："输子之制材木也，正其规矩而凿枘调③。师旷④之谐五音⑤也，正其六律⑥而宫商调。当世之工匠，不能调其凿枘，则改规矩，不能协声音，则变旧律。是以凿枘刺戾⑦而不合，声音泛越⑧而不和。夫举规矩而知宜，吹律而知变，上也；因循而不作，以俟其人，次也。是以曹丞相日饮醇酒，倪大夫闭口不言。故治大者不可以烦，烦则乱；治小者不可以怠，怠则废。《春秋》曰：'其政恢卓⑨，恢卓可以为卿相。其政察察⑩，察察可以为匹夫。'夫维纲不张，礼义不行，公卿之忧也。案上之文，期会之事，丞史之任也。《尚书》曰：'俊乂⑪在官，百僚

---

① 擢（zhuó）升：谓被提拔而升迁官职。
② 赞宪：指辅臣。
③ 调：配合。
④ 师旷：春秋晋国乐师。字子野。目盲，善弹琴，精于辨音。晋平公（前557—前532年在位）铸大钟，众乐工皆以为合乎音律，独他不以为然，后经大乐师师涓审度，果不合音律。
⑤ 五音：亦称"五声"。指中国五声音阶中的宫、商、角、微、羽五个音级。
⑥ 六律：古代音乐十二律中的阳律，即黄钟、太簇、姑洗、蕤宾、夷则、亡射。
⑦ 刺戾：乖谬，形容榫头与榫眼不相符合。
⑧ 泛越：不合拍。
⑨ 恢卓：宽宏卓越。
⑩ 察察：此处意为严苛。
⑪ 俊乂（yì）：贤能的人。

师师①，百工惟时，庶尹②允谐。'言官得其人，人任其事，故官治而不乱，事起而不废，士守其职，大夫理其位，公卿总要执凡③而已。故任能者责成而不劳，任己者事废而无功。桓公之于管仲，耳而目之。故君子劳于求贤，逸于用之，岂云殆④哉？昔周公之相也，谦卑而不邻⑤，以劳天下之士，是以俊乂满朝，贤智充门。孔子无爵位，以布衣从才士七十有余人，皆诸侯卿相之人也，况处三公之尊以养天下之士哉？今以公卿之上位，爵禄之美，而不能致士，则未有进贤之道。尧之举舜也，宾而妻之⑥。桓公举管仲也，宾而师之。以天子而妻匹夫，可谓亲贤矣。以诸侯而师匹夫，可谓敬宾矣。是以贤者从之若流，归之不疑。今当世在位者，既无燕昭之下士，《鹿鸣》⑦之乐贤，而行臧文⑧、子椒之意，蔽贤妒能，自高其智，訾⑨人之才，足己而不问，卑士而不友，以位尚贤，以禄骄士，而求士之用，亦难矣！"

大夫缪然⑩不言，盖贤良长叹息焉。

御史进曰："太公相文、武以王天下，管仲相桓公以霸诸

① 师师：相互师法。
② 庶尹：众官之长。
③ 执凡：执掌大略。
④ 殆：通"怠"，懒怠。
⑤ 邻：通"吝"，贪鄙，吝啬。
⑥ 妻之：将女儿嫁给他。
⑦ 《鹿鸣》：《诗经·小雅》篇名。也是"二雅"的第一篇。是贵族的宴会诗。
⑧ 臧文：臧文仲（？—前617），"臧孙辰"的谥号。春秋时鲁大夫。历仕鲁庄公、闵公、僖公、文公。孔子曾经批评臧文仲不举荐贤士柳下惠。
⑨ 訾（zǐ）：诋毁。
⑩ 缪（mù）然：沉思貌。

侯。故贤者得位，犹龙得水，腾蛇①游雾也。公孙丞相②以《春秋》说先帝，遽即③三公，处周、邵之列，据万里之势，为天下准绳，衣不重彩④，食不兼味，以先天下，而无益于治。博士褚泰、徐偃等，承明诏，建节⑤驰传⑥，巡省郡国，举孝廉，劝元元，而流俗不改。招举贤良、方正、文学之士，超迁官爵，或至卿大夫，非燕昭之荐士，文王之广贤也？然而未睹功业所成。殆非龙蛇之才，而《鹿鸣》之所乐贤也。"

文学曰："冰炭不同器，日月不并明。当公孙弘之时，人主方设谋垂意⑦于四夷，故权谲之谋进，荆楚之士⑧用，将帅或至封侯食邑，而勉获⑨者咸蒙厚赏，是以奋击之士由此兴。其后，干戈不休，军旅相望，甲士糜弊⑩，县官用不足，故设险兴利之臣起，磻溪⑪熊罴⑫之士隐。泾渭造渠以通漕运，东郭咸阳、

---

① 腾蛇：传说中一种能飞的蛇。
② 公孙丞相：公孙弘（前200—前121），字季。少为狱吏。年四十余始治《春秋公羊传》。建议设五经博士，置弟子员。以熟习文法吏治，被武帝任为丞相，封平津侯。
③ 遽（jù）即：立即。
④ 重彩：有多种色彩的华丽衣服。
⑤ 建节：执持符节。古代使臣受命，必建节以为凭信。
⑥ 驰传：驾传车急行。传车，古代驿站专用车。
⑦ 垂意：注意，留意。
⑧ 荆楚之士：能征善战的将士。
⑨ 勉获：杀敌有功。勉，同"克"。
⑩ 糜弊：损耗凋敝。
⑪ 磻（pán）溪：亦称"璜河"。古水名。在今陕西宝鸡市东南。源出南山兹谷，北流入渭水。相传吕尚垂钓于此而遇周文王。
⑫ 熊罴（pí）：两种猛兽。比喻勇猛的武士。

孔仅建盐铁，策诸利，富者买爵贩官，免刑除罪，公用弥多而为者徇私，上下兼求，百姓不堪，抏弊①而从法，故憯急②之臣进，而见知③、废格④之法起。杜周、咸宣之属，以峻文决理贵，而王温舒之徒以鹰隼击杀显。其欲据仁义以道事君者寡，偷合取容者众。独以一公孙弘，如之何？"

---

① 抏（wán）弊：疲困，凋敝，衰败。

② 憯急：刻薄严酷。

③ 见知：对知道案情而不检举的人治罪。

④ 废格：对不执行国家法令或执行不严的人治罪。

论儒第十一

御史曰："文学祖述^①仲尼，称诵其德，以为自古及今，未之有也。然孔子修道鲁、卫之间，教化洙、泗^②之上，弟子不为变，当世不为治，鲁国之削滋甚。齐宣王^③褒儒尊学，孟轲、淳于髡^④之徒，受上大夫之禄，不任职而论国事，盖齐稷下^⑤先生千有余人。当此之时，非一公孙弘也。弱燕攻齐，长驱至临

---

① 祖述：效法、遵循前贤的行为或学说。

② 洙、泗：古水名。洙水源出今山东新泰市东北，西流至新泰市，折西南至泗水县北与泗水合流，西至曲阜城东北又与泗水分流，西经济宁市兖州区至济宁市区合洸水，折南注入泗水。孔子在洙、泗水边讲学授徒，后人遂以洙泗作为儒家学派教化的代称。

③ 齐宣王（？—前301）：战国时齐国君。威王之子。公元前319—前301年在位。名辟疆。

④ 孟轲、淳于髡（kūn）：孟轲，孟子（约前372—前289）。战国时思想家、政治家、教育家。名轲，字子舆，邹（今山东邹城东南）人。受业于子思的门人。淳于髡，战国时齐国人。姓淳于，曾受髡刑（截去头发），因称"淳于髡"。以博学强记著称。齐威王在稷下招揽学者，被任为大夫。多次讽谏齐威王与相国邹忌，推动改革内政。

⑤ 稷下：战国时齐国都城临淄稷门（西边南首门）附近地区。齐宣王继其祖桓公、父威王，曾在这里扩置学宫，招揽文学游说之士数千人，任其讲学议论。

淄，湣王①遁②逃，死于莒而不能救；王建③禽④于秦，与之俱虏而不能存。若此，儒者之安国尊君，未始有效也。"

文学曰："无鞭策，虽造父⑤不能调驷马⑥。无势位，虽舜、禹不能治万民。孔子曰：'凤鸟不至，河不出图，吾已矣夫！'⑦故轺车⑧良马，无以驰之；圣德仁义，无所施之。齐威、宣之时，显贤进士，国家富强，威行敌国。及湣王、奋二世之余烈⑨，南举楚、淮，北并巨宋⑩，苞⑪十二国，西摧三晋，却强秦，五国宾从，邹、鲁之君，泗上诸侯皆入臣。矜功不休，百姓不堪。诸儒谏不从，各分散，慎到、捷子亡去，田骈⑫如薛，

① 湣（mǐn）王：指齐湣王（？—前284），亦作"齐闵王""齐愍王"。战国时齐国君。宣王之子。公元前300—前284年在位。

② 遁：逃。

③ 王建：齐王田建，战国时期齐国末代国君。公元前221年，秦始皇灭齐，俘虏齐王建。

④ 禽：通"擒"，捉。

⑤ 造父：人名，古之善御者。因献八骏，幸于周穆王。穆王使造父御，西巡狩，乐之忘归。而徐偃王反，穆王日驰千里马，攻徐偃王，大破之。乃赐造父以赵城，由此为赵氏。

⑥ 驷马：古代一车四马。

⑦ 语见《论语·子罕》。凤鸟，传说中的鸟名，比喻有圣德之人。河图，传说伏羲氏时，有龙马从黄河出现，背负"河图"。

⑧ 轺（yáo）车：一马驾驶的轻便车。

⑨ 余烈：先人留下的卓越功业。

⑩ 巨宋：强大的宋国。

⑪ 苞：通"包"，包围，引申为征服。

⑫ 田骈（pián）：战国时齐国人。因齐田氏出于陈，故又称"陈骈"。早年学黄老道德之术。后为彭蒙的学生。游稷下，号"天口骈"。曾以道术说齐王。

而孙卿①适楚。内无良臣，故诸侯合谋而伐之。王建听流说，信反间，用后胜之计，不与诸侯从亲，以亡国。为秦所禽，不亦宜乎？"

御史曰："伊尹以割烹事②汤，百里以饭③牛要穆公，始为苟合④，信然与之霸王。如此，何言不从？何道不行？故商君以王道说孝公，不用，即以强国之道，卒以就功。邹子⑤以儒术干世主，不用，即以变化始终之论，卒以显名。故马效⑥千里，不必胡、代；士贵成功，不必文辞。孟轲守旧术，不知世务，故困于梁宋。孔子能方不能圆，故饥于黎丘。今晚世之儒勤德，时有乏匮，言以为非，困此不行。自周室以来，千有余岁，独有文、武、成、康，如言必参一⑦焉，取所不能及而称之，犹躄者⑧能言远不能行也。圣人异涂同归，或行或止，其趣一也。商君虽革法改教，志存于强国利民。邹子之作，变化之术，亦归于仁义。祭仲自贬损以行权，时也。故小枉大直，君子为之。今砣砣

---

① 孙卿：荀子（约前313—前238）。战国末思想家、教育家。名况，时人尊而号为"卿"，汉人避宣帝讳，称孙卿，赵国人。

② 事：侍奉。

③ 饭：喂牲畜。

④ 苟合：偶然遇合。

⑤ 邹子：邹衍（约前305—前240）。战国末思想家，阴阳家的代表人物。齐国人。游学稷下。历游魏、燕、赵等国，受到诸侯"尊礼"。

⑥ 效：马跑的效验。

⑦ 参一：参照文、武、成、康其中的一个。参，参验。

⑧ 躄（bì）者：双脚残疾的人。

然①守一道，引尾生②之意，即晋文③之谲诸侯以尊周室不足道，而管仲蒙耻辱以存亡不足称也。"

文学曰："伊尹之干汤，知圣主也。百里之归秦，知明君也。二君之能知霸主，其册素形于己，非暗而以冥冥④决事也。孔子曰：'名不正则言不顺，言不顺则事不成。'如何其苟合而以成霸王也？君子执德秉义而行，故造次必于是，颠沛必于是。孟子曰：'居今之朝⑤，不易其俗，而成千乘之势⑥，不能一朝⑦居也。'宁穷饥居于陋巷，安能变己而从俗化？阖庐杀僚，公子札去而之延陵，终身不入吴国。鲁公杀子赤，叔眄⑧退而隐处，不食其禄。亏义得尊，枉道取容，效死不为也。闻正道不行，释事⑨而退，未闻枉道以求容也。"

御史曰："《论语》：'亲于其身为不善者，君子不入

---

① 硁（kēng）硁然：浅薄固执貌。

② 尾生：人名。传说中坚守信约的人。

③ 晋文：晋文公（前697或前671—前628），春秋时晋国君。献公之子。公元前636—前628年在位。名重耳。

④ 冥冥：糊里糊涂。

⑤ 居今之朝：在当朝为官。

⑥ 千乘之势：拥有千辆兵车诸侯的权势。

⑦ 一朝：一天，形容时间很短。

⑧ 叔眄（miàn）：应是叔肸（xī），鲁国公族，鲁文公之子，鲁宣公同母弟。叔肸颇有臣节，蔑视东门襄仲废嫡立庶，故与当权派持不合作态度，宁织履而食，亦终身不食宣公之俸禄。

⑨ 释事：辞职。

也。'有是言而行不足从也①。季氏②为无道，逐其君，夺其政，而冉求③、仲由臣焉。《礼》：'男女不授受，不交爵。'孔子适卫，因嬖臣④弥子瑕以见卫夫人，子路不说。子瑕，佞臣⑤也，夫子因之，非正也。男女不交，孔子见南子，非礼也。礼义由孔氏，且贬道以求容，恶在其释事而退也？"

文学曰："天下不平，庶国⑥不宁，明王之忧也。上无天子，下无方伯⑦，天下烦乱，贤圣之忧也。是以尧忧洪水，伊尹忧民，管仲束缚，孔子周流⑧，忧百姓之祸而欲安其危也。是以负鼎俎⑨、囚拘⑩、匍匐⑪以救之。故追亡者趋，拯溺者濡⑫。今民陷沟壑，虽欲无濡，岂得已哉？"

御史默不对。

---

① 有是言而行不足从也：说过这样的话，行动却跟不上。
② 季氏：春秋时期鲁国执政大夫季平子。他勾结孟孙氏、叔孙氏一起驱逐鲁昭公。
③ 冉求（前522—前489）：春秋末鲁国人。冉氏，名求，字子有。孔子学生。鲁国贵族季氏的家臣。有政治才干。
④ 嬖（bì）臣：受宠幸的近臣。
⑤ 佞（nìng）臣：奸邪谄上之臣。
⑥ 庶国：各国。
⑦ 方伯：古代诸侯领袖之称，谓为一方之长。
⑧ 周流：周游列国。
⑨ 负鼎俎（zǔ）：指伊尹为汤厨师之事。
⑩ 囚拘：指管仲被幽囚。
⑪ 匍匐：伏地而行。此处指孔子周游列国宣传王道。
⑫ 濡：沾湿。

忧边第十二

大夫曰："文学言：'天下不平，庶国不宁，明王之忧也。'故王者之于天下，犹一室之中也，有一人不得其所，则谓①之不乐。故民流溺②而弗救，非惠君也。国家有难而不忧，非忠臣也。夫守节死难者，人臣之职也；衣食饥寒者，慈父之道也。今子弟③远劳于外，人主为之夙夜不宁，群臣尽力毕议，册滋国用④。故少府丞令⑤请建酒榷，以赡边，给战士，拯民于难也。为人父兄者，岂可以已乎！内省衣食以恤在外者，犹未足，今又欲罢诸用⑥，减奉边之费，未可为慈父贤兄也。"

文学曰："周之季末⑦，天子微弱，诸侯力政⑧，故国君不安，谋臣奔驰。何者？敌国众而社稷危也。今九州⑨同域，天下

① 谓：通"为"。

② 流溺：受到水淹，比喻处于水深火热之中。

③ 子弟：此处指边塞士兵。

④ 国用：指国家财政收入。

⑤ 丞令：少府的属官。

⑥ 罢诸用：指废除盐铁官营、酒类专卖、均输平准。

⑦ 季末：末世，衰世。

⑧ 力政：以武力为政，暴政。

⑨ 九州：《尚书·禹贡》载禹治水成功之后，将中国划分为九州——冀州、兖州、青州、徐州、扬州、荆州、豫州、梁州、雍州。

一统，陛下优游岩廊①，览群臣极言至论，内咏《雅》《颂》，外鸣和銮②，纯德粲然，并于唐、虞，功烈流于子孙。夫蛮、貊之人，不食之地③，何足以烦虑，而有战国之忧哉？若陛下不弃，加之以德，施之以惠，北夷必内向，款塞④自至，然后以为胡制于外臣，即匈奴没齿⑤不食其所用矣。"

大夫曰："圣主思中国之未宁，北边之未安，使故廷尉评等问人间所疾苦。拯恤⑥贫贱，周赡不足。群臣所宣明王之德，安宇内者，未得其纪，故问诸生。诸生议不干天则入渊⑦，乃欲以闾里⑧之治，而况国家之大事，亦不几矣！发于畎亩⑨，出于穷巷，不知冰水之寒，若醉而新寤⑩，殊不足与言也。"

文学曰："夫欲安民富国之道，在于反本，本立而道生。顺天之理，因地之利，即不劳而功成。夫不修其源而事其流⑪，无本以统之，虽竭精神，尽思虑，无益于治。欲安之适足以危之，欲救之适足以败之。夫治乱之端，在于本末而已，不至劳其

---

① 岩廊：高峻的廊庑，借指朝廷。
② 和銮：同"和鸾"，古代车上的铃铛。挂在车前横木（轼）上的称"和"，挂在车架（衡）上的称"鸾"。
③ 不食之地：不能耕种之地。
④ 款塞：塞，边关。叩塞门。谓外族前来通好。
⑤ 没齿：指老年。
⑥ 拯恤：援助，救济。
⑦ 不干天则入渊：不上天就入地，比喻不切实际。干，冲犯。
⑧ 闾里：乡里。
⑨ 畎（quǎn）亩：田间，田地。借指农村。
⑩ 寤（wù）：睡醒。
⑪ 源、流：意同本、末。

心而道可得也。孔子曰：'不通于论^①者难于言治，道不同者，不相与谋。'今公卿意有所倚^②，故文学之言，不可用也。"

大夫曰："吾闻为人臣者尽忠以顺职，为人子者致孝以承业。君有非，则臣覆盖^③之。父有非，则子匿逃^④之。故君薨^⑤，臣不变君之政，父没，则子不改父之道也。《春秋》讥毁泉台^⑥，为其隳先祖之所为，而扬君父之恶也。今盐铁、均输，所从来久矣，而欲罢之，得无害先帝之功，而妨圣主^⑦之德乎？有司倚于忠孝之路，是道殊而不同于文学之谋也。"

文学曰："明者因时而变，知者随世而制。孔子曰：'麻冕^⑧，礼也，今也纯，俭，吾从众。'故圣人上贤不离古，顺俗而不偏宜^⑨。鲁定公序昭穆，顺祖祢^⑩，昭公废卿士，以省事节用，不可谓变祖之所为，而改父之道也？二世充大阿房以崇绪，赵高增累^⑪秦法以广威，而未可谓忠臣孝子也。"

---

① 不通于论：不明道理。

② 倚：偏于一边。

③ 覆盖：掩盖。

④ 匿逃：潜逃。

⑤ 薨（hōng）：周代诸侯死之称。《礼记·曲礼下》："天子死曰崩，诸侯曰薨。"

⑥ 泉台：台名。即郎台。春秋时鲁庄公所筑。《春秋公羊传·文公十六年》："秋八月，辛未，夫人姜氏薨，毁泉台。泉台者何？郎台也。"

⑦ 圣主：指汉昭帝刘弗陵。

⑧ 麻冕：古代用缁布做的一种礼冠。

⑨ 偏宜：偏向迎合时宜。

⑩ 顺祖祢（mí）：理顺祖庙的昭穆关系。祖，宗庙，祖庙。祢，父庙。

⑪ 增累：增加，累积。

园池第十三

大夫曰："诸侯以国为家，其忧在内。天子以八极^①为境，其虑在外。故宇小者用菲^②，功巨者用大。是以县官开园池，总^③山海，致利以助贡赋，修沟渠，立诸农^④，广田牧，盛苑囿^⑤。太仆、水衡、少府、大农，岁课^⑥诸入田牧之利，池籞^⑦之假^⑧，及北边置任田官，以赡诸用，而犹未足。今欲罢之，绝其源，杜其流，上下俱殚^⑨，困乏之应也，虽好省事节用，如之何其可也？"

文学曰："古者，制地^⑩足以养民，民足以承其上。千乘之

---

① 八极：八方。
② 菲：微，薄。
③ 总：统一管理。
④ 诸农：诸位农官，指大司农属官，如太仓、均输、平准、都内、籍田五令丞等。
⑤ 苑囿（yòu）：畜养禽兽的圈地。
⑥ 岁课：一年的赋税。
⑦ 籞（yù）：古代帝王的禁苑。
⑧ 假：借用。
⑨ 殚（dān）：竭尽。
⑩ 制地：制定田地制度。

国，百里之地，公侯伯子男①，各充其求赡其欲。秦兼万国②之地，有四海之富，而意不赡，非宇小而用菲，嗜欲多而下不堪其求也。语曰：'厨有腐肉，国有饥民，厩③有肥马，路有馁④人。'今狗马之养，虫兽之食，岂特腐肉肥马之费哉！无用之官，不急之作，服淫侈之变，无功而衣食县官者众，是以上不足而下困乏也。今不减除其本而欲赡其末，设机利，造田畜，与百姓争荐草⑤，与商贾争市利，非所以明主德而相国家也。夫男耕女绩，天下之大业也。故古者分地而处之，制田亩而事之。是以业无不食之地，国无乏作之民。今县官之多张苑囿、公田、池泽，公家有鄣假之名，而利归权家。三辅⑥迫近于山、河，地狭人众，四方并凑，粟米薪采，不能相赡。公田转假，桑榆菜果不殖，地力不尽。愚以为非。先帝之开苑囿、池篥，可赋归之于民，县官租税而已。假税殊名，其实一也。夫如是，匹夫之力，尽于南亩⑦，匹妇之力，尽于麻枲⑧。田野辟，麻枲治，则上下俱衍，何困乏之有矣？"

大夫默然，视其丞相、御史。

---

① 公侯伯子男：五个级别的诸侯。

② 万国：实指山东六国，万国是夸张的说法。

③ 厩（jiù）：马房。

④ 馁（něi）：同"馁"，饥饿。

⑤ 荐草：茂盛的牧草。

⑥ 三辅：西汉景帝二年（前155）分内史为左、右内史，与主爵中尉（不久改主爵都尉）同治长安城中，所辖皆京畿之地，故合称"三辅"。

⑦ 南亩：泛指农田。

⑧ 麻枲（xǐ）：麻类植物的总名。

轻重第十四

御史进曰："昔太公封于营丘，辟草莱而居焉。地薄人少，于是通利末之道，极女工之巧。是以邻国交于齐，财畜货殖，世为强国。管仲相桓公，袭先君之业，行轻重之变，南服强楚而霸诸侯。今大夫君修太公、桓、管之术，总一盐铁，通山川之利而万物殖。是以县官用饶足，民不困乏，本末并利，上下俱足，此筹计①之所致，非独耕桑农也。"

文学曰："礼义者，国之基也，而权利者，政之残也。孔子曰：'能以礼让为国乎？何有？'伊尹、太公以百里②兴其君，管仲专于桓公，以千乘之齐，而不能至于王，其所务③非也。故功名隳坏而道不济。当此之时，诸侯莫能以德，而争于公利，故以权相倾。今天下合为一家，利末恶④欲行？淫巧恶欲施？大夫君以心计策国用，构诸侯，参以酒榷，咸阳、孔仅增以盐铁，江充、杨可之等，各以锋锐，言利末之事析秋毫⑤，可为无间矣。非特管仲设九府，徼⑥山海也。然而国家衰耗，城郭空虚。故非

---

① 筹计：谋划，盘算。
② 百里：指商、周兴起之前的封地。
③ 所务：所采用的措施。
④ 恶（wū）：何，怎么。
⑤ 秋毫：鸟兽在秋天新长出来的细毛。比喻极纤小的事物。
⑥ 徼（yāo）：拦截。

特崇仁义无以化民，非力本农无以富邦也。"

御史曰："水有猵獭^①而池鱼劳，国有强御而齐民消。故茂林之下无丰草，大块之间无美苗。夫理国之道，除秽锄豪，然后百姓均平，各安其宇。张廷尉论定律令，明法以绳天下，诛奸猾，绝并兼之徒，而强不凌弱，众不暴寡。大夫君运筹策，建国用，笼天下盐铁诸利，以排富商大贾，买官赎罪，损有余，补不足，以齐^②黎民。是以兵革东西征伐，赋敛不增而用足。夫损益之事，贤者所睹，非众人之所知也。"

文学曰："扁鹊抚^③息脉而知疾所由生，阳气盛，则损之而调阴，寒气盛，则损之而调阳，是以气脉调和，而邪气无所留矣。夫拙医不知脉理之腠^④，血气之分，妄刺^⑤而无益于疾，伤肌肤而已矣。今欲损有余，补不足，富者愈富，贫者愈贫矣。严法任刑，欲以禁暴止奸，而奸犹不止，意者非扁鹊之用针石，故众人未得其职也。"

御史曰："周之建国也，盖千八百诸侯。其后，强吞弱，大兼小，并为六国。六国连兵结难^⑥数百年，内拒敌国，外攘四夷。由此观之：兵甲不休，战伐不乏，军旅外奉，仓库内实。今以天下之富，海内之财，百郡之贡，非特齐、楚之畜，赵、

---

① 猵獭（biān tǎ）：獭的一种。

② 齐：平均财富。

③ 抚：摸，按。

④ 脉理之腠（còu）：脉理分布状态。腠，皮肤或肌肉的纹理。

⑤ 刺：指针灸。

⑥ 结难：指战祸。

魏之库也。计委量入①，虽急用之，宜无乏绝之时。顾大农等以术体躬稼，则后稷之烈，军四出而用不继，非天之财少也？用针石，调阴阳，均有无，补不足，亦非也？上大夫君与治粟都尉②管领大农事，灸刺稽滞，开利百脉③，是以万物流通，而县官富实。当此之时，四方征暴乱，车甲之费，克获之赏，以亿万计，皆赡大司农。此者扁鹊之力，而盐铁之福也。"

文学曰："边郡山居谷处，阴阳不和，寒冻裂地，冲风飘卤④，沙石凝积⑤，地势无所宜。中国，天地之中，阴阳之际也，日月经其南，斗极出其北，含众和之气，产育庶物。今去而侵边，多斥不毛⑥寒苦之地，是犹弃江皋⑦河滨，而田于岭阪⑧菹泽⑨也。转仓廪之委，飞府库之财，以给边民。中国困于繇⑩赋，边民苦于戍御。力耕不便种籴⑪，无桑麻之利，仰中国丝絮而后衣之，皮裘⑫蒙毛⑬，曾不足盖形，夏不失复，冬不离窟，父子夫妇内藏于专室土圜⑭之中。中外空虚，扁鹊何力？而盐铁何福也？"

---

① 计委量入：量入为出。委，支出。
② 治粟都尉：西汉官名，掌管军粮。
③ 开利百脉：使全身血脉流通顺畅。
④ 飘卤：把地上的盐碱都吹起来了。卤，不生谷物的咸卤地。
⑤ 凝积：凝结，聚积。
⑥ 毛：指地面所生的谷物等。
⑦ 江皋（gāo）：江边的高地。
⑧ 岭阪（bǎn）：指山坡。
⑨ 菹（jù）泽：水草繁茂的沼泽地。
⑩ 繇（yáo）：通"徭"，徭役。
⑪ 种籴（dí）：买种子。籴，买进粮食。
⑫ 皮裘：毛皮的衣服。
⑬ 蒙毛：乱糟糟的样子。
⑭ 土圜（huán）：指土房子，因四面环以土墙，故称。

未通第十五

御史曰："内郡人众，水泉荐草，不能相赡，地势温湿，不宜牛马；民跖①耒而耕，负檐而行，劳罢而寡功。是以百姓贫苦，而衣食不足，老弱负辂②于路，而列卿大夫，或乘牛车。孝武皇帝平百越以为园圃③，却羌、胡以为苑囿，是以珍怪异物，充于后宫，騊駼④駃騠⑤，实于外厩，匹夫莫不乘坚良⑥，而民间厌橘柚。由此观之：边郡之利亦饶矣！而曰'何福之有？'未通于计也。"

文学曰："禹平水土，定九州，四方各以土地所生贡献⑦，足以充宫室，供人主之欲，膏壤⑧万里，山川之利，足以富百姓，不待蛮、貊之地，远方之物而用足。闻往者未伐胡、越之时，繇赋省而民富足，温衣饱食，藏新食陈，布帛充用，牛马成

---

① 跖：践，踏。

② 负辂（lù）：拉车。辂，车名。

③ 园圃：种植蔬菜和花果树木的园地。

④ 騊駼（táo tú）：北方良马。

⑤ 駃騠（jué tí）：良马名。

⑥ 乘坚良：乘坚车，驾良马。

⑦ 贡献：进奉，进贡。

⑧ 膏壤：肥沃的土地。

群。农夫以马耕载，而民莫不骑乘；当此之时，却走马以粪①。其后，师旅数发，戎马不足，牸②牝③入阵，故驹犊生于战地。六畜不育于家，五谷不殖于野，民不足于糟糠，何橘柚之所厌？传曰：'大军之后，累世不复。'方今郡国，田野有陇而不垦，城郭有宇而不实④，边郡何饶之有乎？"

御史曰："古者，制田百步为亩，民井田而耕，什而籍一⑤。义先公而后己，民臣之职也。先帝哀怜百姓之愁苦，衣食不足，制田二百四十步而一亩，率三十而税一⑥。堕⑦民不务田作，饥寒及己，固其理也。其不耕而欲播，不种而欲获，盐铁又何过乎？"

文学曰："什一而籍，民之力也。丰耗⑧美恶，与民共之。民勤⑨，己不独衍；民衍，己不独勤。故曰：'什一者，天下之中正也。'田虽三十，而以顷亩出税，乐岁粒米狼戾⑩而寡取之，凶年饥馑而必求足。加之以口赋⑪更繇之役，率一人之作，

---

① 以粪：用马粪肥田。

② 牸（zì）：本指母牛。亦泛指雌性的牲畜。

③ 牝（pìn）：母马。

④ 不实：没有人居住。

⑤ 什而籍一：交税十分之一。籍，税。

⑥ 率三十而税一：大概交税三十分之一。

⑦ 堕：通"惰"，懈怠。

⑧ 丰耗：指丰收之年和歉收之年。

⑨ 勤：通"廑"，缺少。

⑩ 粒米狼戾：谷粒撒得满地都是。形容粮食充盈。

⑪ 口赋：指人口税。

中分其功①。农夫悉其所得，或假贷而益②之。是以百姓疾耕力作，而饥寒遂及己也。筑城者先厚其基而后求其高，畜民者先厚其业而后求其赡。《论语》曰：'百姓足，君孰与不足乎？'"

御史曰："古者，诸侯争强，战国并起，甲兵不休，民旷③于田畴，什一而籍，不违其职④。今赖陛下神灵，甲兵不动久矣，然则民不齐出于南亩，以口率⑤被垦田而不足，空仓廪而赈贫乏，侵益日甚，是以愈惰而仰利县官也。为斯君者亦病⑥矣，反以身劳民；民犹背恩弃义而远流亡，避匿上公之事。民相仿效，田地日芜，租赋不入，抵扞⑦县官。君虽欲足，谁与之足乎？"

文学曰："树木数徙⑧则矮⑨，虫兽徙居则坏。故代马⑩依北风，飞鸟翔故巢，莫不哀其生。由此观之，民非利避上公之事而乐流亡也。往者，军阵数起，用度不足，以訾⑪征赋，常取

----

① 中分其功：交纳一半的收成。

② 益：原意为富裕，此处引申为补足。

③ 旷：荒废。

④ 职：常。

⑤ 口率：人口总数。

⑥ 病：困乏，疲惫。

⑦ 抵扞（hàn）：抗拒。

⑧ 徙：迁徙。

⑨ 矮：通"萎"，枯萎。

⑩ 代马：北地所产良马。代，古代郡地，后泛指北方边塞地区。

⑪ 訾：通"资"，钱财。

给①见民，田家又被其劳，故不齐出于南亩也。大抵逋流②，皆在大家，吏正③畏惮④，不敢笃责⑤，刻急⑥细民，细民不堪，流亡远去；中家为之绝出⑦，后亡者为先亡者服事⑧；录民⑨数创于恶吏，故相仿效，去尤甚而就少⑩愈者多。《传》曰：'政宽者民死之，政急⑪者父子离。'是以田地日荒，城郭空虚。夫牧民之道，除其所疾，适其所安，安而不扰，使而不劳，是以百姓劝业而乐公赋。若此，则君无赋于民，民无利于上，上下相让而颂声作。故取而民不厌，役而民不苦。《灵台》之诗，非或使之，民自为之。若斯，则君何不足之有乎？"

御史曰："古者，十五入大学，与小役；二十冠⑫而成人，与戎；五十以上，血脉溢刚，曰艾壮⑬。《诗》曰：'方叔元老，

---

① 取给：取得物力或人力以供需用。

② 逋（bū）流：逃亡，流亡。此处意为逃税。

③ 吏正：地方官员。

④ 惮：惊惧。

⑤ 笃责：督责。

⑥ 刻急：苛刻严峻。

⑦ 绝出：全部出资。

⑧ 服事：诸侯定期朝贡，各依服数以事天子。此处意为服役纳税。

⑨ 录民：安分守己的平民。

⑩ 少：稍微。

⑪ 政急：政治苛急。

⑫ 二十冠：古时男子年满二十岁行加冠礼，表示成年。

⑬ 艾壮：称年逾五十而身体强健者。

克壮其猷①。'故商师若乌②，周师若荼③。今陛下哀怜百姓，宽力役之政，二十三始傅，五十六而免，所以辅耆④壮而息老艾也。丁者治其田里，老者修其唐园⑤，俭力趣时⑥，无饥寒之患。不治其家而讼县官，亦悖⑦矣。"

文学曰："十九年已下为殇，未成人也；二十而冠；三十而娶，可以从戎事；五十已上曰艾老，杖于家，不从力役，所以扶不足而息高年也；乡饮酒之礼⑧，耆老异馔⑨，所以优耆耄⑩而明养老也。故老者非肉不饱，非帛不暖，非杖不行。今五十已上至六十，与子孙服挽⑪输，并给繇役，非养老之意也。古有大丧⑫者，君三年不呼其门，通其孝道，遂其哀戚之心也。君子之所重

① 猷（yóu）：谋划。
② 商师若乌：商朝军队头发乌黑。这说明商朝以年少为贵。
③ 周师若荼（tú）：周朝军队头发像白茅花。这说明周人以年老为贵。荼，茅、芦之类的白花。
④ 耆（qí）：古时六十岁曰耆。
⑤ 唐园：园地。
⑥ 趣时：抓紧时机，及时。
⑦ 悖：谬误，惑乱。
⑧ 乡饮酒之礼：先秦一种尊贤养老的礼仪。
⑨ 馔（zhuàn）：食物。
⑩ 优耆耄（mào）：优待老年人。耄，《礼记·曲礼上》："八十、九十曰耄。"《盐铁论·孝养》："七十曰耄。"亦泛指年老。
⑪ 挽：牵引，拉。
⑫ 大丧：父母之丧。

而自尽者，其惟亲之丧乎！今或僵尸①，弃衰经②而从戎事，非所以子百姓，顺孝悌之心也。周公抱成王听天下，恩塞海内，泽被四表，矧③惟人面，含仁保德，靡不得其所。《诗》云：'夙夜基命宥密④。'陛下富于春秋，委任大臣，公卿辅政，政教未均，故庶人议也。"

御史默不答也。

---

① 僵尸：死尸。

② 衰经（cuī dié）：丧服。古人丧服胸前当心处缀有长六寸、广四寸的麻布，名衰，因名此衣为衰；围在头上的散麻绳为首经，缠在腰间的散麻绳为腰经。衰、经两者是丧服的主要部分，故以此为称。

③ 矧（shěn）：况且，何况。

④ 宥（yòu）密：谓存心仁厚宁静。

地广第十六

大夫曰："王者包含并覆，普爱①无私，不为近重施②，不为远遗恩③。今俱是民也，俱是臣也，安危劳佚不齐，独不当调邪？不念彼而独计此，斯亦好议矣？缘边之民，处寒苦之地，距④强胡之难，烽燧一动，有没身之累。故边民百战，而中国恬卧⑤者，以边郡为蔽扞⑥也。《诗》云：'莫非王事，而我独劳。'刺不均也。是以圣王怀⑦四方独苦，兴师推却胡、越，远寇安灾，散中国肥饶之余，以调边境，边境强，则中国安，中国安则晏然无事。何求而不默也？"

文学曰："古者，天子之立于天下之中，县内方不过千里，诸侯列国，不及不食之地，《禹贡》至于五千里；民各供其君，诸侯各保其国，是以百姓均调，而繇役不劳也。今推胡、越数

---

① 普爱：博爱。
② 重施：多加施惠。
③ 遗恩：遗漏恩惠。
④ 距：通"拒"，抗拒。
⑤ 恬卧：安卧。
⑥ 蔽扞：屏障，屏藩。
⑦ 怀：惦念。

千里，道路回避①，士卒劳罢。故边民有刎颈②之祸，而中国有死亡之患，此百姓所以嚣嚣③而不默也。夫治国之道，由中及外，自近者始。近者亲附，然后来远；百姓内足，然后恤外。故群臣论或欲田轮台④，明主不许，以为先救近务及时本业也。故下诏曰：'当今之务，在于禁苛暴，止擅赋，力本农。'公卿宜承意，请减除不任，以佐百姓之急。今中国弊落⑤不忧，务在边境。意者地广而不耕，多种而不耨，费力而无功，《诗》云：'无田甫田，维莠⑥骄骄⑦。'其斯之谓欤？"

大夫曰："汤、武之伐，非好用兵也；周宣王辟国千里，非贪侵也；所以除寇贼而安百姓也。故无功之师，君子不行；无用之地，圣王不贪。先帝举汤、武之师，定三垂⑧之难，一面⑨而制敌，匈奴遁逃。因河、山以为防，故去砂石咸卤不食之地，故割斗辟⑩之县，弃造阳之地以与胡，省⑪曲塞，据河险，守要

---

① 回避：迂回僻远。避，通"僻"。

② 刎（wěn）颈：割脖子。

③ 嚣（áo）嚣：众口怨愁声。

④ 轮台：在今新疆轮台东南。本仑头国（亦作"轮台国"），汉武帝时（前140—前87）为李广利所灭，置使者校尉，屯田于此。武帝晚年颁发《轮台罪己诏》中的轮台即此。后并于龟兹。

⑤ 弊落：衰落。

⑥ 莠（yǒu）：狗尾草。

⑦ 骄骄：草盛且高貌。

⑧ 三垂：指东、南、西三方边境。垂，通"陲"，边陲。

⑨ 一面：指北面匈奴。

⑩ 斗辟：绝险偏僻。斗，通"陡"。辟，通"僻"。

⑪ 省：减少。

害，以宽徭役，保士民。由此观之：圣主用心，非务广地以劳众而已矣。"

文学曰："秦之用兵，可谓极矣，蒙恬斥境，可谓远矣。今逾蒙恬之塞，立郡县寇虏①之地，地弥远而民滋劳。朔方②以西，长安以北，新郡之功，外城之费，不可胜计。非徒是也，司马③、唐蒙凿西南夷之涂，巴、蜀弊于邛、笮；横海征南夷，楼船戍东越，荆、楚罢于瓯、骆④；左将伐朝鲜，开临屯，燕、齐困于秽貉⑤；张骞⑥通殊远，纳无用⑦，府库之藏，流于外国；非特斗辟之费，造阳之役也。由此观之：非人主用心，好事之臣为县官计过也。"

---

① 寇虏：盗贼，敌人。
② 朔方：郡名。西汉元朔二年（前127）置。治朔方（今杭锦旗北），辖境相当于今内蒙古河套西北部及后套地区。
③ 司马：指司马相如（约前179—前118），西汉辞赋家。字长卿，蜀郡成都（今属四川）人。
④ 瓯、骆：东瓯，越族中的一支，亦称"瓯越"。秦、汉时分布在今浙江南部瓯江、灵江流域，相传是越王勾践的后裔。骆越，古越人的一支。汉时分布在交趾、九真和合浦等郡，大抵在今广西南宁西南至今越南北部和中部，下及今广东省雷州半岛和海南省。
⑤ 秽貉：古族名。又称濊貊。西周前，貊、濊单称，后常复称"濊貊"。一说原为两族，西周至春秋融为一族。初分布于中国北方地区。秦汉前，居今长城以内者，或迁东北，或与当地居民融合；居今关外者，分布在松嫩平原、鸭绿江流域及朝鲜半岛。
⑥ 张骞（？—前114）：西汉汉中成固（今陕西城固东）人。建元元年（前140）为郎。次年，应募出使大月氏，相约共击匈奴。越过葱岭，亲历大宛、康居、大月氏、大夏等地。元朔三年（前126）方归汉，在外共十三年。
⑦ 无用：此处指张骞带来的一些西域物产。

大夫曰："挟管仲之智者，非为厮役①之使也。怀陶朱之虑者，不居贫困之处。文学能言而不能行，居下而讪②上，处贫而非富，大言而不从，高厉而行卑，诽誉訾议，以要名③采善于当世。夫禄不过秉握者，不足以言治，家不满檐石④者，不足以计事。儒皆贫羸⑤，衣冠不完，安知国家之政，县官之事乎？何斗辟造阳也！"

文学曰："夫贱不害智，贫不妨行。颜渊⑥屡空，不为不贤。孔子不容，不为不圣。必将以貌举人，以才进士，则太公终身鼓刀⑦，宁戚不离饭牛矣。古之君子，守道以立名，修身以俟时，不为穷变节⑧，不为贱易志，惟仁之处，惟义之行。临财苟得，见利反义，不义而富，无名而贵，仁者不为也。故曾参⑨、

① 厮役：执劳役供使唤的人。
② 讪：毁谤。
③ 要名：求名。
④ 檐石：指一石粮食。言粮少。
⑤ 贫羸（léi）：贫苦。
⑥ 颜渊（前521—前490）：春秋末鲁国人。名回，字子渊。孔子学生。好学不倦，贫居陋巷，箪食瓢饮，而不改其乐。
⑦ 鼓刀：动刀作声。谓宰杀牲畜。
⑧ 变节：改变节操，指三家向公室屈服。
⑨ 曾参（前505—前434）：春秋末鲁国南武城（一说为今山东嘉祥南，一说为今山东平邑南）人。名参，字子舆。孔子学生。以孝著称。提出"吾日三省吾身"（《论语·学而》）的修养方法。

闵子①，不以其仁易晋、楚之富。伯夷②不以其行易诸侯之位，是以齐景公有马千驷，而不能与之争名。孔子曰：'贤哉回也！一箪食，一瓢饮，在于陋巷，人不堪其忧，回也不改其乐。'故惟仁者能处约、乐，小人富斯暴，贫斯滥③矣。杨子曰：'为仁不富，为富不仁。'苟先利而后义，取夺不厌。公卿积亿万，大夫积千金，士积百金，利己并财以聚；百姓寒苦，流离于路，儒独何以完其衣冠也？"

---

① 闵子：闵子骞，孔子弟子。
② 伯夷：商末孤竹君长子。墨胎氏，名允，字公信。初孤竹君遗命立其弟叔齐为君，孤竹君死后，叔齐让位，他不受，两人一起投奔周文王。路遇武王伐纣，他们拦马劝谏。武王灭商后，兄弟俩隐居首阳山，不食周粟而死。
③ 滥：泛滥，无所不为，没有底线。

贫富第十七

大夫曰："余结发束脩^①，年十三，幸得宿卫^②，给事辇毂^③之下，以至卿大夫之位，获禄受赐，六十有余年矣。车马衣服之用，妻子仆养之费，量入为出，俭节以居之，奉禄赏赐，一二筹策之，积浸^④以致富成业。故分土若一，贤者能守之；分财若一，智者能筹之。夫白圭^⑤之废著，子贡之三至千金，岂必赖之民哉？运之六寸^⑥，转之息耗，取之贵贱之间耳！"

文学曰："古者，事业不二，利禄不兼，然诸业不相远，而贫富不相悬也。夫乘爵禄以谦让^⑦者，名不可胜举也；因权势以求利者，入不可胜数也。食湖池，管山海，刍荛^⑧者不能与之争泽，商贾不能与之争利。子贡以布衣致之，而孔子非^⑨之，况以

---

① 束脩（xiū）：脩，干肉。十条干肉为束脩。指学生入学致送教师的礼物。
② 宿卫：在官禁中值宿警卫。
③ 辇（niǎn）毂：皇帝的车舆。代指皇帝。
④ 积浸：逐渐积累。
⑤ 白圭：战国时周人。与魏文侯同时。主张采用"人弃我取，人取我与"的办法经商，谷成熟时收进粮食，出售丝、漆；茧出产时收进帛、絮，出售粮食。认为经商必须掌握时机，运用智谋，犹如孙吴用兵，商鞅行法。
⑥ 六寸：指六寸长的算筹。
⑦ 乘爵禄以谦让：处于高官厚禄地位而懂得谦让。
⑧ 刍荛（ráo）：割草打柴的人。
⑨ 非：批评。

势位求之者乎？故古者大夫思其仁义以充其位，不为权利以充其私也。”

大夫曰："山岳有饶，然后百姓赡焉。河、海有润，然后民取足焉。夫寻常之污①，不能溉陂泽②，丘阜③之木，不能成宫室。小不能苞大，少不能赡多。未有不能自足而能足人者也。未有不能自治而能治人者也。故善为人者，能自为者也，善治人者，能自治者也。文学不能治内，安能理外乎？"

文学曰："行远道者假于车，济江海者因于舟。故贤士之立功成名，因于资而假物者也。公输子能因人主之材木，以构宫室台榭，而不能自为专屋狭庐④，材不足也。欧冶能因国君之铜铁，以为金炉大钟，而不能自为壶鼎盘杆⑤，无其用也。君子能因人主之正朝，以和百姓，润众庶，而不能自饶其家，势不便也。故舜耕历山，恩不及州里，太公屠牛于朝歌⑥，利不及妻子，及其见用，恩流八荒⑦，德溢四海。故舜假之尧，太公因之周，君子能修身以假道者，不能枉道而假财也。"

大夫曰："道悬于天，物布于地，智者以衍，愚者以困。子

① 污：池塘。
② 陂（bēi）泽：湖泽。
③ 丘阜：山丘，土山。
④ 专屋狭庐：狭小简陋的房屋。
⑤ 杆（yú）：盛汤浆或食物的器皿。
⑥ 朝歌：古都邑名。在今河南淇县。商代帝乙、帝辛（纣）的别都。周武王封康叔为卫侯，项羽封司马卬为殷王，皆都于此。
⑦ 八荒：八方荒远之地。

贡以著积①显于诸侯，陶朱公以货殖尊于当世。富者交焉，贫者赡焉。故上自人君，下及布衣之士，莫不戴其德，称其仁。原宪、孔急②，当世被饥寒之患，颜回屡空于穷巷，当此之时，迫于窟穴，拘于缊袍③，虽欲假财信④奸佞，亦不能也。"

文学曰："孔子云：'富而可求，虽执鞭⑤之事，吾亦为之；如不可求⑥，从吾所好。'君子求义，非苟富也。故刺子贡不受命而货殖焉。君子遭时⑦则富且贵，不遇，退而乐道。不以利累己，故不违义而妄取。隐居修节，不欲妨行，故不毁名而趋势。虽付之以韩、魏之家，非其志，则不居也。富贵不能荣，谤毁不能伤也。故原宪之缊袍，贤于季孙之狐貉，赵宣孟⑧之鱼飧⑨，甘于智伯⑩之刍豢⑪，子思之银佩，美于虞公之垂棘⑫。魏

---

① 著积：犹居积。积蓄财货。
② 孔急：指孔伋（jí）（前483—前402），字子思，战国初儒家学者。孔子之孙。相传曾受业于曾子。把儒家的道德观念"诚"说成是世界的本原——"诚者，物之终始。不诚无物"（《中庸》）。以"中庸"为其学说的核心。
③ 缊（yùn）袍：用乱麻旧棉絮做的袍子，古为贫者所服。
④ 信：通"伸"，施展。
⑤ 执鞭：为人驾驭车马。意谓给他人服役。《论语·述而》："富而可求也，虽执鞭之士，吾亦为之。"引申为因景仰而追随。
⑥ 不可求：指不义的富贵。
⑦ 遭时：指所遭遇的时势。
⑧ 赵宣孟：赵盾（？—前602）。春秋时晋国执政。赵衰之子。晋襄公七年（前621），为中军帅，掌握国政。
⑨ 鱼飧（sūn）：鱼做的食物。一说即鱼羹。
⑩ 智伯（？—前453）：春秋战国之际晋国四卿之一。
⑪ 刍豢（huàn）：指牛羊猪狗等牲畜，泛指肉类食品。
⑫ 垂棘：古地名。春秋晋地。在今山西长治市潞城区北。以出美玉著称。

文侯轼①段干木②之间，非以其有势也；晋文公见韩庆，下车而趋，非以其多财，以其富于仁，充于德也。故贵何必财，亦仁义而已矣！"

---

① 轼：古时设在车箱前面供人凭倚的横木。形如半框，有三面。此处意为凭轼致敬。
② 段干木：战国时魏国人。姓段干，名木。曾求学于子夏，修业行道，名声甚高。因魏成子推荐，魏文侯加以礼敬，给予爵禄官职，均推辞不受。文侯乘车过他的住所门口，必伏轼致敬。

毁学第十八

大夫曰："夫怀枉①而言正，自托于无欲而实不从，此非士之情也？昔李斯与包丘子②俱事荀卿，既而李斯入秦，遂取三公，据万乘之权以制海内，切侔③伊、望，名巨泰山；而包丘子不免于瓮牖④蒿庐⑤，如潦岁⑥之蛙，口非不众也，卒死于沟壑而已。今内无以养，外无以称，贫贱而好义，虽言仁义，亦不足贵者也！"

文学曰："方李斯之相秦也，始皇任之，人臣无二，然而荀卿谓之不食，睹其罹不测之祸也。包丘子饭麻⑦蓬藜⑧，修道白

---

① 怀枉：心术不正。

② 包丘子：一作浮丘伯。西汉初儒生。齐人。荀子学生。秦始皇时，以《诗》教授，申公、楚元王均从他受学。汉初，复在长安教授。其门人申公为《诗》最精，始为《诗》传，号"鲁诗"。

③ 切侔（móu）：相当。侔，齐等。

④ 瓮牖（yǒu）：以破瓮为窗。瓮，一种陶制的盛器。

⑤ 蒿庐：草屋。

⑥ 潦（lǎo）岁：水涝之年。潦，雨后地面积水。

⑦ 饭麻：当作"饭糜"，以粥为食。

⑧ 蓬藜：两种野草。蓬即飞蓬。藜，藜属植物的泛称。

屋①之下，乐其志，安之于广厦刍豢，无赫赫②之势，亦无戚戚③之忧。夫晋献垂棘，非不美也，宫之奇④见之而叹，知荀息之图之也。智伯富有三晋，非不盛也，然不知襄子之谋之也。季孙之狐貉，非不丽也，而不知鲁君之患之也。故晋献以宝马钓虞、虢，襄子以城坏诱智伯。故智伯身禽于赵，而虞、虢卒并于晋，以其务得不顾其后，贪土地而利宝马也。孔子曰：'人无远虑，必有近忧。'今之在位者，见利不虞害，贪得不顾耻，以利易身，以财易死。无仁义之德，而有富贵之禄，若蹈⑤坎阱，食于悬门⑥之下，此李斯之所以伏五刑也。南方有鸟名鹓雏⑦，非竹实不食，非醴泉不饮，飞过泰山，泰山之鸱⑧，俯啄腐鼠，仰见鹓雏而吓。今公卿以其富贵笑儒者，为之常行，得无若泰山鸱吓鹓雏乎？"

大夫曰："学者所以防固辞⑨，礼者所以文鄙行也。故学以辅德，礼以文质。言思可道，行思可乐。恶言不出于口，邪行不及

---

① 白屋：古代指平民的房屋。因无色彩装饰，故名。

② 赫赫：显赫的样子。

③ 戚戚：忧惧貌。

④ 宫之奇：亦作"宫奇"。春秋时虞国大夫。晋献公十九年（前658），晋以良马和璧向虞借道攻虢（guó），虞君应允，他劝谏不听。后三年，晋又向虞借道攻虢，他以"辅车相依，唇亡齿寒"劝谏，虞君又不听，因而率族奔曹。三月后，晋灭虢，回师灭虞。

⑤ 蹈：踩上，投入。

⑥ 悬门：古时城门所设的门闸。平时挂起，有警时放下，以便加固防守。

⑦ 鹓（yuān）雏：传说中与凤凰同类的鸟。

⑧ 鸱：鹞鹰。

⑨ 固辞：不文明的语言。

于己。动作应礼①，从容中道。故礼以行之，孙以出之。是以终日言，无口过；终身行，无冤尤。今人主张官立朝②以治民，疏爵分禄③以褒贤，而曰'悬门腐鼠'，何辞之鄙背而悖于所闻也？"

文学曰："圣主设官以授任，能者处之；分禄以任贤，能者受之。义贵无高，义取无多④。故舜受尧之天下，太公不避周之三公；苟非其人，箪食豆羹犹为赖⑤民也。故德薄而位高，力少而任重，鲜不及矣。夫泰山之鸱啄腐鼠于穷泽幽谷之中，非有害于人也。今之有司，盗主财而食之于刑法之旁，不知机之是发⑥，又以吓人，其患恶得若泰山之鸱乎？"

大夫曰："司马子⑦言：'天下穰穰⑧，皆为利往。'赵女不择丑好，郑姁⑨不择远近，商人不愧耻辱，戎士不爱死力，士不在亲，事君不避其难，皆为利禄也。儒、墨内贪外矜，往来游说，栖栖然⑩亦未为得也。故尊荣者士之愿也，富贵者士之期也。方李斯在荀卿之门，阘茸与之齐轸⑪，及其奋翼高举，龙升

---

① 应礼：适应礼节。

② 张官立朝：设置官职，建立朝政。

③ 疏爵分禄：区分官爵，划分俸禄。

④ 义贵无高，义取无多：由义而贵，不嫌其高；由义而取，不嫌其多。

⑤ 赖：有害。

⑥ 发：启动。

⑦ 司马子：指司马迁（约前145或前135—？），西汉史学家、文学家、思想家。字子长，夏阳（今陕西韩城南）人。司马谈之子。

⑧ 穰穰：同"攘攘"，纷乱貌。

⑨ 郑姁（yù）：郑女。姁，妇人，多指老妇。

⑩ 栖（xī）栖然：忙碌不安的样子。

⑪ 齐轸（zhěn）：犹并驾。轸，车后面的横木。

骥骛①，过九轶二，翱翔万仞，鸿鹄华骝②且同侣，况跛牂③燕雀之属乎！席④天下之权，御宇内之众，后车百乘，食禄万钟。而拘儒布褐不完，糟糠不饱，非甘菽藿⑤而卑广厦，亦不能得已。虽欲吓人，其何已乎！"

文学曰："君子怀德，小人怀土。贤士徇⑥名，贪夫死利。李斯贪其所欲，致其所恶。孙叔敖早见于未萌，三去相而不悔，非乐卑贱而恶重禄也，虑患远而避害谨也。夫郊祭之牛，养食期年，衣之文绣，以入庙堂，太宰⑦执其鸾刀⑧，以启其毛；方此之时，愿任重而上峻阪，不可得也。商鞅困于彭池，吴起之伏王尸，愿被布褐而处穷鄙之蒿庐，不可得也。李斯相秦，席天下之势，志小万乘；及其囚于囹圄⑨，车裂于云阳之市，亦愿负薪入东门，行上蔡曲街径，不可得也。苏秦、吴起以权势自杀，商鞅、李斯以尊重⑩自灭，皆贪禄慕荣以没其身，从车百乘，曾不足以载其祸也！"

---

① 骥骛（jì wù）：千里马奔腾。骥，千里马。

② 华骝（liú）：骏马。

③ 跛牂（zāng）：跛足的母羊。

④ 席：凭借。

⑤ 菽藿：豆和豆叶。

⑥ 徇：通"殉"。

⑦ 太宰：商置，为掌王室家务之总管。西周、春秋王室及诸国皆置，为执掌国政的主要大臣。此处指掌管君主膳食的官员。

⑧ 鸾刀：有铃的刀。

⑨ 囹圄（líng yǔ）：牢狱。

⑩ 尊重：尊贵显要。

褒贤第十九

大夫曰："伯夷以廉饥，尾生以信死。由小器而亏大体，匹夫匹妇之为谅①也，经②于沟渎③而莫之知也。何功名之有？苏秦、张仪，智足以强国，勇足以威敌，一怒而诸侯惧，安居而天下息。万乘之主，莫不屈体④卑辞⑤，重币请交，此所谓天下名士也。夫智不足与谋，而权不能举当世，民斯为下也。今举亡⑥而为有，虚而为盈，布衣穿履⑦，深念徐行，若有遗亡，非立功名之士，而亦未免于世俗也。"

文学曰："苏秦以从显于赵，张仪以横任于秦，方此之时，非不尊贵也，然智士随而忧之，知夫不以道进者必不以道退，不以义得者必不以义亡。季、孟之权，三桓之富，不可及也，孔子为⑧之曰'微'。为人臣，权均于君，富侔于国者，亡。故其位弥高而罪弥重，禄滋厚而罪滋多。夫行者先全己而后求名，仕

---

① 谅：诚信。此处指拘泥小的信义、小的节操。

② 经：自缢。

③ 沟渎（dú）：排水水道。

④ 屈体：弯腰行礼。

⑤ 卑辞：指言辞谦恭。

⑥ 亡：通"无"。

⑦ 穿履：犹言"空履"，破鞋。

⑧ 为：通"谓"。

者先辟害而后求禄。故香饵非不美也，龟龙闻而深藏，鸾凤见而高逝者，知其害身也。夫为乌鹊鱼鳖，食香饵而后狂飞奔走，逊头①屈遁②，无益于死。今有司盗秉③国法，进不顾罪，卒然有急，然后车驰入趋，无益于死。所盗不足偿于臧获④，妻子奔亡无处所，身在深牢，莫知恤视。方此之时，何暇得以笑乎？"

大夫曰："文学高行，矫然⑤若不可卷；盛节絜言⑥，皦然⑦若不可涅。然戍卒陈胜⑧释挽辂，首为叛逆，自立张楚⑨，素非有回、由处士之行，宰相列臣之位也。奋于大泽，不过旬月⑩，而齐、鲁儒墨缙绅⑪之徒，肆其长衣，——长衣，容衣也——负孔氏之礼器、《诗》《书》，委质⑫为臣。孔甲为涉博士⑬，卒俱死陈，为天下大笑。深藏高逝者固若是也？"

---

① 逊头：缩头。

② 屈遁（dì）：躲避。

③ 盗秉：盗窃。

④ 臧获：古代对奴婢的贱称。

⑤ 矫然：坚劲貌。

⑥ 絜言：洁净的言辞。絜，通"潔"（洁），洁净。

⑦ 皦（jiǎo）然：洁白光亮貌。

⑧ 陈胜（？—前208）：秦末农民起义首领。字涉，阳城（今河南登封东南）人。

⑨ 张楚：秦末农民起义首领陈胜建立的政权。秦二世元年（前209）秋，陈胜率起义军攻克陈县（今河南淮阳）后建立，意为"张大楚国"。

⑩ 旬月：满一月。

⑪ 缙（jìn）绅：插笏于绅带，旧时官宦或儒者的装束。亦用作官宦或儒者的代称。

⑫ 委质：古代臣下向君主献礼，表示献身。

⑬ 博士：官名。源于战国。秦及汉初，博士的职责主要是掌管图书，通古今，以备顾问。

文学曰："周室衰，礼乐坏，不能统理，天下诸侯交争，相灭亡，并为六国，兵革不休，民不得宁息。秦以虎狼之心，蚕食诸侯，并吞战国以为郡县，伐能矜功①，自以为过尧、舜而羞与之同。弃仁义而尚刑罚，以为今时不师于文而决于武。赵高治狱于内，蒙恬用兵于外，百姓愁苦，同心而患秦。陈王赫然②奋爪牙③为天下首事，道虽凶而儒墨或干之者，以为无王之矣，道拥遏④不得行，自孔子以至于兹，而秦复重禁之，故发愤于陈王也。孔子曰：'如有用我者，吾其为东周乎！'庶几成汤、文、武之功，为百姓除残去贼，岂贪禄乐位哉？"

大夫曰："文学言行虽有伯夷之廉，不及柳下惠之贞，不过高瞻下视，絜言污行，笾酒豆肉⑤，迁延相让，辞小取大，鸡廉狼吞⑥。赵绾、王臧之等，以儒术擢为上卿，而有奸利残忍之心。主父偃⑦以口舌取大官，窃权重，欺绐⑧宗室，受诸侯之赂，卒皆诛死。东方朔⑨自称辩略，消坚释石，当世无双；然省其私行，狂夫不忍为，况无东方朔之口，其余无可观者也？"

---

① 伐能矜功：自夸才能、功绩。

② 赫然：形容大怒。

③ 爪牙：犹羽翼。比喻辅佐的人。

④ 拥遏：阻塞，阻拦。

⑤ 笾酒豆肉：笾，古代盛酒器。豆，古代盛食器。因以"笾酒豆肉"泛指饮食。

⑥ 鸡廉狼吞：鸡廉，比喻小处廉洁。狼吞，像狼那样吞食。比喻贪得无厌。

⑦ 主父偃（？—前126）：西汉临淄人，复姓主父。初至长安上书，即被汉武帝召见，从郎中到中大夫，一岁之中四次升迁。

⑧ 欺绐（dài）：欺骗。

⑨ 东方朔（前154—前93）：西汉文学家。字曼倩，平原厌次（今山东德州市陵城区东北，一说今山东惠民东）人。武帝时，为太中大夫。性诙谐滑稽。

文学曰："志善者忘恶，谨小者致大。俎豆①之间足以观礼，闺门②之内足以论行。夫服古之服，诵古之道，舍此③而为非者，鲜矣。故君子时然后言，义然后取，不以道得之不居也。满而不溢，泰④而不骄。故袁盎⑤亲于景帝，秣马不过一驷；公孙弘即三公之位，家不过十乘；东方先生说听言行于武帝，而不骄溢；主父见困厄之日久矣，疾在位者不好道而富且贵，莫知恤士也，于是取饶衍之余以周穷士之急，非为私家之业也。当世嚣嚣，非患儒之鸡廉，患在位者之虎饱鸱咽⑥，于求览无所孑遗⑦耳。"

---

① 俎豆：俎和豆都是古代祭祀、设宴用的器具。

② 闺门：古代称内室的门为闺门。亦指家门。

③ 舍此：舍弃服古之服、诵古之道。

④ 泰：平安。

⑤ 袁盎（？—前148）：亦作"爰盎"。西汉楚人，后徙安陵（今陕西咸阳东北），字丝。本为游侠，历任齐相、吴相。后以受吴王财物，被御史大夫晁错告发，降为庶人。

⑥ 虎饱鸱咽：像老虎和猫头鹰那样吞服食物，比喻官员疯狂侵吞财富。

⑦ 无所孑（jié）遗：没有一点余剩。

卷五

相刺第二十

大夫曰："古者，经井田，制廛里①，丈夫治其田畴，女子治其麻枲，无旷地，无游人。故非商工不得食于利末，非良农不得食于收获，非执政不得食于官爵。今儒者释②耒耜而学不验之语，旷日弥久，而无益于治，往来浮游③，不耕而食，不蚕而衣，巧伪良民，以夺④农妨政，此亦当世之所患也。"

文学曰："禹感⑤洪水，身亲其劳，泽行路宿⑥，过门不入。当此之时，簪堕不掇⑦，冠挂⑧不顾，而暇耕乎？孔子曰：'诗人疾⑨之不能默，丘疾之不能伏。'是以东西南北七十说而不用，然后退而修王道，作《春秋》，垂之万载之后，天下折中⑩焉，岂与匹夫匹妇耕织同哉！《传》曰：'君子当时不动，而民无观

---

① 廛（chán）里：古代城市中住宅的通称。廛，古代城市平民的房地。
② 释：放下。
③ 浮游：游手好闲。
④ 夺：失误。
⑤ 感（qī）：忧虑。
⑥ 路宿：露宿。住宿在野外。
⑦ 不掇：不捡起来。
⑧ 冠挂：谓帽子被东西钩去。
⑨ 疾：痛恨。
⑩ 折中：亦作"折衷"。犹言取正，无所偏颇，用作判断事物的准则。

也。'故非君子莫治小人①，非小人无以养君子，不当耕织为匹夫匹妇也。君子耕而不学，则乱之道也。"

大夫曰："文学言治尚于唐、虞，言义高于秋天，有华言矣，未见其实也。昔鲁穆公之时，公仪为相，子思、子柳为之卿，然北削于齐，以泗为境，南畏楚人，西宾秦国。孟轲居梁，兵折于齐②，上将军死，而太子虏，西败于秦，地夺壤削，亡河内、河外。夫仲尼之门，七十子之徒，去父母，捐③室家，负荷而随孔子，不耕而学，乱乃愈滋。故玉屑④满箧⑤，不为有宝；诗书负笈⑥，不为有道。要在安国家，利人民，不苟繁文众辞而已。"

文学曰："虞不用百里奚之谋而灭，秦穆用之以至霸焉。夫不用贤则亡，而不削何可得乎？孟子适梁，惠王问利，答以仁义。趣舍⑦不合，是以不用而去，怀宝而无语。故有粟不食，无益于饥；睹贤不用，无益于削。纣之时，内有微、箕二子，外有胶鬲⑧、棘子，故其不能存。夫言而不用，谏而不听，虽贤，恶

---

① 小人：指被统治的劳动者。

② 兵折于齐：公元前341年，魏国与齐国在马陵相遇，齐国用孙膑减灶之计大败魏军，魏将庞涓被迫自杀，太子申被俘。

③ 捐：舍弃。

④ 玉屑：玉的碎末。

⑤ 箧（qiè）：小箱子。

⑥ 笈（jí）：书箱。

⑦ 趣舍：亦作"取舍""趋舍"。进取或退止。

⑧ 胶鬲（gé）：人名。殷末贤人。生卒年不详。初隐于商贩鱼卖盐，文王举以为商纣王大臣。

得有益于治也？"

大夫曰："橘柚生于江南，而民皆甘之于口，味同也；好音生于郑、卫，而人皆乐之于耳，声同①也。越人子臧、戎人由余，待译而后通②，而并显齐、秦，人之心于善恶同也。故曾子倚山而吟，山鸟下翔；师旷鼓琴，百兽率舞。未有善而不合，诚而不应者也。意未诚与？何故言而不见从，行而不合也？"

文学曰："扁鹊不能治不受针药之疾，贤圣不能正不食谏诤③之君。故桀有关龙逢而夏亡，纣有三仁④而商灭，故不患无由余、子臧之论，患无桓、穆之听耳。是以孔子东西无所遇，屈原放逐于楚国也。故曰：'直道而事人，焉往而不三黜⑤？枉道而事人，何必去父母之邦？'此所以言而不见从，行而不得合者也。"

大夫曰："歌者不期于利声⑥，而贵在中节⑦；论者不期于丽辞，而务在事实。善声而不知转，未可为能歌也；善言而不知变，未可谓能说也。持规而非矩，执准而非绳，通一孔⑧，晓一理，而不知权衡，以所不睹不信人，若蝉之不知雪，坚据古文以

----

① 声同：听觉相同。

② 通：沟通，交流。

③ 谏诤：直爽地说出人的过错，劝人改正。

④ 纣有三仁：指比干、箕子、微子。语出《论语·微子》。

⑤ 黜（chù）：贬斥，废除。

⑥ 利声：尖利的声音。

⑦ 中节：合于节拍。

⑧ 一孔：一孔之见，指狭隘的见解。

应当世，犹辰参^①之错，胶柱而调瑟^②，固而难合矣。孔子所以不用于世，而孟轲见贱于诸侯也。"

文学曰："日月之光，而盲者不能见，雷电之声，而聋人不能闻。夫为不知音者言，若语于喑^③聋，何特蝉之不知重雪耶？夫以伊尹之智，太公之贤，而不能开辞^④于桀、纣，非说者非，听者过也。是以荆和抱璞而泣血，曰：'安得良工而剖之！'屈原行吟泽畔，曰：'安得皋陶^⑤而察之！'夫人君莫不欲求贤以自辅，任能以治国，然牵于流说^⑥，惑于道谀^⑦，是以贤圣蔽掩，而谗佞^⑧用事，以此亡国破家，而贤士饥于岩穴也。昔赵高无过人之志，而居万人之位，是以倾覆秦国而祸殃其宗，尽失其瑟，何胶柱之调也？"

大夫曰："所谓文学高第^⑨者，智略能明先王之术，而姿质^⑩足以履行其道。故居则为人师，用则为世法。今文学言治则称

---

① 辰参：指心宿和参宿。两星宿此出彼没，永不相逢。喻人之分离不得相见。
② 胶柱而调瑟：柱，瑟上短木，用以张弦并调节声音。柱被粘住，音调就不能调节。比喻固执拘泥，不知变通。
③ 喑：哑。
④ 开辞：陈说，进言。
⑤ 皋陶：亦作"咎繇"。传说中东夷族的首领。偃姓。相传曾被舜任为掌管刑法的官，后被禹选为继承人，早死未继位。春秋时英、六等国之君即其后裔。
⑥ 流说：没有根据的话。
⑦ 道谀：逢迎拍马。
⑧ 谗佞：说人坏话和巧言谀人的人。
⑨ 高第：谓弟子中才学优良者。
⑩ 姿质：通"资质"，谓人的天资、禀赋。

尧、舜，道行则言孔、墨，授之政则不达①，怀古道而不能行，言直而行枉，道是而情非，衣冠有以殊于乡曲②，而实无以异于凡人。诸生所谓中直者，遭时蒙幸，备数③适然耳，殆非明举④所谓，固未可与论治也。"

文学曰："天设三光⑤以照记⑥，天子立公卿以明治。故曰：公卿者，四海之表仪，神化⑦之丹青⑧也。上有辅明主之任，下有遂圣化之事，和阴阳，调四时，安众庶，育群生，使百姓辑睦⑨，无怨思之色，四夷顺德，无叛逆之忧，此公卿之职，而贤者之所务也。若伊尹、周、召三公之才，太颠、闳夭⑩九卿之人。文学不中圣主之明举，今之执政，亦未能称盛德也。"

大夫不说，作色不应也。

文学曰："朝无忠臣者政暗，大夫无直士者位危。任座正言君之过，文侯改言行，称为贤君。袁盎面刺绛侯⑪之骄矜，卒

---

① 不达：不明白，不通达。
② 乡曲：乡里。亦指穷乡僻壤。因偏处一隅，故称"乡曲"。
③ 备数：充数。多作谦辞。
④ 明举：指汉昭帝诏举贤良文学。
⑤ 三光：指日、月、星。
⑥ 照记：照耀。
⑦ 神化：神妙地潜移默化。
⑧ 丹青：中国古代绘画常用朱红、青色，故称画为"丹青"。此处引申为榜样。
⑨ 辑睦：和睦。
⑩ 闳夭（hóng yāo）：西周初大臣。闳氏，名夭。与散宜生、太颠等同辅周文王、周武王。
⑪ 绛侯：周勃（？—前169），西汉初大臣。沛县（今属江苏）人。早年织薄曲（蚕具）为生，并充当丧事中的吹箫乐人。秦末从刘邦起义，以军功为将军，封"绛侯"。

得其庆①。故触死亡以干主之过者，忠臣也、犯颜②以匡公卿之失者，直士也。鄙人不能巷言面违。方今入谷之教令，张③而不施，食禄多非其人，以妨农商工，市井之利，未归于民，民望不塞也。且夫帝王之道，多堕坏而不修，《诗》云：'济济多士。'④意者诚任用其计，非苟陈虚言而已。"

---

① 庆：吉庆，指袁盎说汉文帝释放周勃。
② 犯颜：冒犯君上或尊长的威严。
③ 张：严格执行。
④ 济济多士：见于《诗经·大雅·文王》。形容有才能的人很多。

殊路第二十一

大夫曰："七十子躬受圣人之术，有名列于孔子之门，皆诸侯卿相之才，可南面者数人云。政事者冉有、季路，言语宰我、子贡。宰我秉事，有宠于齐，田常①作难，道不行，身死庭中，简公杀于檀台。子路仕卫，孔悝作乱②，不能救君出亡，身菹③于卫；子贡、子皋遁逃，不能死其难。食人之重禄不能更④，处人尊官不能存，何其厚于己而薄于君哉？同门共业，自以为知古今之义，明君臣之礼。或死或亡，二三子殊路，何道之悖也！"

文学曰："宋殇公知孔父之贤而不早任，故身死。鲁庄知季有之贤，授之政晚而国乱。卫君近佞远贤，子路居蒲，孔悝为政。简公不听宰我而漏其谋。是以二君身被放杀，而祸及忠臣。二子者有事而不与其谋，故可以死，可以生，去止其义一也。晏婴不死崔、庆之难，不可谓不义；微子去殷之乱，可谓不

---

① 田常（？—前456）："田"亦作"陈"。春秋时齐国大臣。名常，一作恒。田僖子之子。
② 孔悝（kuī）作乱：卫国大夫孔悝与流亡太子蒯聩合谋，攻击卫出公，蒯聩即位，是为卫庄公。
③ 菹：亦作"葅"。剁成肉酱。
④ 更：偿还。

仁乎？"

大夫曰："至美素璞①，物莫能饰也。至贤保真②，伪文莫能增也。故金玉不琢，美珠不画。今仲由、冉求无檀、柘之材③，隋、和之璞，而强文之，譬若雕朽木而砺④鈆刀⑤，饰嫫母⑥画土人⑦也。被以五色，斐然成章⑧，及遭行潦流波，则沮矣。夫重怀古道，枕籍⑨《诗》《书》，危不能安，乱不能治，邮里⑩逐鸡，鸡亦无党也？"

文学曰："非学无以治身，非礼无以辅德。和氏之璞，天下之美宝也，待磩诸⑪之工而后明。毛嫱⑫，天下之姣人⑬也，待香泽脂粉而后容。周公，天下之至圣人也，待贤师学问而后通。今齐世庸士之人，不好学问，专以己之愚而荷负巨任，若无楫舳⑭，济江海而遭大风，漂没于百仞之渊，东流无崖之川，安得

①素璞：未经雕琢的玉。
②保真：保持纯真本性。
③檀、柘之材：比喻优秀人才。檀、柘，两种良木。
④砺：磨。
⑤鈆（qiān）刀：通"铅刀"，铅质的刀，言其不锋利。比喻才力微弱，有鄙视或自谦之意。
⑥嫫（mó）母：古之丑妇，传说为黄帝妃。
⑦土人：泥塑的人像。
⑧斐然成章：形容文章富有文采，很值得看。
⑨枕籍：枕头与垫席。引申为沉溺、埋头。
⑩邮里：邻里。
⑪磩（jiān）诸：治玉用的石。
⑫毛嫱：春秋时期越国的美女，大体与西施同时。
⑬姣人：美人。
⑭舳（zhú）：舵。

沮而止乎？"

大夫曰："性有刚柔，形有好恶，圣人能因而不能改。孔子外变二三子之服，而不能革其心。故子路解长剑，去危冠①，屈节②于夫子之门，然摄齐③师友，行行尔，鄙心犹存。宰予昼寝，欲损三年之丧。孔子曰：'粪土之墙，不可杇也。''若由不得其死然。'故内无其质而外学其文，虽有贤师良友，若画脂④镂冰⑤，费日损功。故良师不能饰嫫施，香泽不能化嫫母也。"

文学曰："西子⑥蒙以不洁，鄙夫掩鼻；恶人盛饰，可以宗祀上帝。使二人不涉圣人之门，不免为穷夫，安得卿大夫之名？故砥所以致于刃，学所以尽其才也。孔子曰：'觚⑦不觚，觚哉，觚哉！'故人事加则为宗庙器，否则斯养⑧之爨材⑨。

---

① 危冠：高冠。
② 屈节：折节。降低身份。
③ 摄齐（zī）：齐，衣服的下边。谓提起衣服升堂，以防脚踏衣服下边，倾跌失礼。
④ 画脂：在油脂上绘画。
⑤ 镂冰：在冰块上雕刻。
⑥ 西子：西施。春秋末越国苎萝（今浙江诸暨南）人，姓施。以貌美著称。夫椒之战越国失败后，由越王勾践献于吴王夫差，成为夫差最宠爱的妃子。传说吴亡后，与范蠡入五湖而去，不知所终。
⑦ 觚（gū）：中国古代酒器。青铜制。喇叭形口，细腰，高圈足。盛行于商代和西周初期。陶制者多为明器。
⑧ 斯养：奴仆。
⑨ 爨（cuàn）材：烧火的柴火。

干、越之铤^①不厉，匹夫贱之；工人施巧，人主服而朝也。夫丑者自以为姣，故饰；愚者自以为知，故不学。观笑^②在己而不自知，不好用人，自是之过也。"

---

① 铤（dìng）：未经冶铸的铜铁。
② 观笑：看着好笑。

讼贤第二十二

大夫曰："刚者折，柔者卷。故季由以强梁死，宰我以柔弱杀。使二子不学，未必不得其死。何者？矜己而伐能，小知而巨牧①，欲人之从己，不能以己从人，莫视而自见，莫贾②而自贵，此其所以身杀死而终菹醢③也。未见其为宗庙器④，睹其为世戮也。当此之时，东流亦安之乎？"

文学曰："骐骥之挽盐车垂头于太行之阪，屠者持刀而睨⑤之。太公之穷困，负贩于朝歌也，蓬头⑥相聚而笑之。当此之时，非无远筋骏才⑦也，非文王、伯乐莫知之贾也。子路、宰我生不逢伯乐之举，而遇狂屠，故君子伤之，'若由不得其死然''天其祝予'矣。孔父累华督之难，不可谓不义。仇牧涉宋万之祸，不可谓不贤也。"

---

① 巨牧：巨大治理责任。
② 贾：买。
③ 菹醢（hǎi）：肉酱。
④ 宗庙器：宗庙祭器。古代在国家宗庙主祭者为君主，辅佐祭祀的人为国相，故以宗庙器比喻治国人才。
⑤ 睨（nì）：斜视。
⑥ 蓬头：指蓬头垢面的下层民众。
⑦ 远筋骏才：良马和才士。

大夫曰："今之学者，无太公之能，骐骥之才，有以蜂虿^①介毒而自害也。东海成颙^②，河东胡建^③是也。二子者以术蒙举^④，起卒伍，为县令。独非自是，无与合同。引之不来，推之不往，狂狷^⑤不逊，忮害^⑥不恭，刻轹^⑦公主，侵陵大臣。知其不可，而强行之，欲以干名。所由不轨^⑧，果没其身。未睹功业所至，而见东观之殃，身得重罪，不得以寿终。狡而以为知，讦^⑨而以为直，不逊以为勇，其遭难，故亦宜也。"

文学曰："二公怀精白^⑩之心，行忠正之道，直己以事上，竭力以徇公，奉法推理，不避强御^⑪，不阿^⑫所亲，不贵妻子之养，不顾私家之业。然卒不能免于嫉妒之人，为众枉^⑬所排也。其所以累不测之刑而功不遂也。夫公族^⑭不正则法令不行，股

---

① 虿（chài）：蝎类毒虫。
② 成颙（yóng）：生平事迹不详。
③ 胡建：字子孟，汉昭帝时任渭城县令。
④ 蒙举：得到举荐。
⑤ 狂狷：狂妄偏激。书疏中常用作谦辞。
⑥ 忮（zhì）害：忌刻残忍。
⑦ 刻轹（lì）：欺凌，摧残。
⑧ 所由不轨：所走的路径越出常轨，不守法度。
⑨ 讦（jié）：攻击别人的短处或揭发别人的隐私。
⑩ 精白：精诚洁白。
⑪ 强御：强暴有势力者。
⑫ 阿：偏袒，庇护。
⑬ 众枉：许多邪曲小人。
⑭ 公族：诸侯的子孙。

肱^①不正则奸邪兴起。赵奢^②行之平原，范雎^③行之穰侯，二国治而两家全。故君过而臣正，上非^④而下讥^⑤，大臣正，县令何有？不反诸己而行非于人，执政之大失也。夫屈原之沉渊，遭子椒之谮也；管子得行其道，鲍叔之力也。今不睹鲍叔之力，而见汨罗之祸^⑥，虽欲以寿终，无其能得乎？"

---

① 股肱（gōng）：大腿和胳膊。常比喻辅助帝王的大臣。

② 赵奢：战国时赵将。初任负责收租税的田部吏，因奉公执法被平原君推荐
　　给赵王，主治国赋。后任将军。善用兵。

③ 范雎（？—前255）：战国时秦相。字叔，魏国人。

④ 上非：在上位者犯错。

⑤ 下讥：在下位者批评。

⑥ 汨（mì）罗之祸：指屈原自沉汨罗的悲剧。

遵道第二十三

大夫曰："御史！"

御史未应。

谓丞相史曰："文学结发①学语，服膺②不舍，辞若循环，转若陶钧③。文繁如春华，无效如抱风④。饰虚言以乱实，道古以害今。从之，则县官用废，虚言不可实而行之；不从，文学以为非也，众口嚣嚣，不可胜听。诸卿都⑤大府日久矣，通先古，明当世，今将何从而可矣？"

丞相史进曰："晋文公谲而不正，齐桓公正而不谲，所由不同，俱归于霸。而必随古不革⑥，袭故不改，是文质不变，而椎车尚在也。故或作之，或述⑦之，然后法令调⑧于民，而器械便于用也。孔对三君殊意，晏子相三君异道，非苟相反，所务之时

---

① 结发：犹束发。指年青的时候。

② 服膺：铭记在心，衷心信服。

③ 陶钧：制陶器所用的转轮。比喻造就、创建。

④ 抱风：比喻无效行动。

⑤ 都：居。

⑥ 不革：没有变化。

⑦ 述：传述旧章。

⑧ 调（tiáo）：调和。

异也。公卿既定大业之路，建不竭之本，愿无顾细故①之语，牵儒、墨论也。"

文学曰："师旷之调五音，不失宫商。圣王之治世，不离仁义。故有改制②之名，无变道之实。上自黄帝，下及三王，莫不明德教，谨庠序，崇仁义，立教化。此百世不易之道也。殷、周因循而昌，秦王变法而亡。《诗》云：'虽无老成人，尚有典刑。'言法教也。故没而存之③，举而贯之，贯而行之，何更为哉？"

丞相史曰："说西施之美无益于容，道尧、舜之德无益于治。今文学不言所为治，而言以治之无功，犹不言耕田之方，美富人之囷仓④也。夫欲粟者务时，欲治者因世。故商君昭然独见存亡不可与世俗同者，为其沮功⑤而多近也。庸人安其故，而愚者果所闻。故舟车之治，使民三年而后安之。商君之法立，然后民信之。孔子曰：'可与共学，未可与权。'文学可令扶绳循刻，非所与论道术之外也。"

文学曰："君子多闻阙疑⑥，述而不作，圣达而谋大，叡智⑦而事寡。是以功成而不隳，名立而不顿。小人智浅而谋大，羸弱

---

① 细故：无关紧要的小事。

② 改制：战国秦汉之际儒生方士认为，每一个新兴王朝都要按照五德终始的模式建立一套新王制度，改正朔，易服色，变度制，封禅等，以此上应天命。

③ 没而存之：旧臣虽死，但旧法得以保存下来。

④ 囷（qūn）仓：贮藏粮食的仓库。圆形的叫"囷"，方形的叫"仓"。

⑤ 沮功：败坏功绩。

⑥ 多闻阙疑：多听，对有怀疑的地方加以保留。

⑦ 叡（ruì）智：聪慧，明智。

而任重，故中道而废，苏秦、商鞅是也。无先王之法，非圣人之道，而因于己，故亡。《易》曰：'小人处盛位，虽高必崩①。不盈其道，不恒其德，而能以善终身，未之有也。是以初登于天，后入于地。'禹之治水也，民知其利，莫不劝其功。商鞅之立法，民知其害，莫不畏其刑。故夏后功立而王，商鞅法行而亡。商鞅有独智之虑，世乏独见之证。文学不足与权当世，亦无负累蒙殃也。"

---

① 崩：倒塌。

论诽第二十四

丞相史曰："晏子有言：'儒者华①于言而寡于实，繁②于乐而舒于民，久丧③以害生，厚葬以伤业，礼烦而难行，道迂④而难遵，称往古而訾当世，贱所见而贵所闻。'此人本枉，以己为式⑤。此颜异所以诛黜⑥，而狄山死于匈奴也。处其位而非其朝，生乎世而讪其上，终以被戮而丧其躯，此独谁为负其累而蒙其殃乎？"

文学曰："礼所以防淫，乐所以移风⑦，礼兴乐正则刑罚中。故堤防成而民无水灾，礼义立而民无乱患。故礼义坏，堤防决，所以治者，未之有也。孔子曰：'礼与其奢也宁俭，丧与其易也宁戚。'故礼之所为作，非以害生伤业也，威仪⑧节文，非以乱化伤俗也。治国谨其礼，危国谨其法。昔秦以武力吞天

---

① 华：同"花"。

② 繁：繁缛。

③ 久丧：指儒家倡导的三年之丧。

④ 道迂：道理拘泥固执。

⑤ 式：榜样，模范。

⑥ 诛黜：诛灭。

⑦ 移风：改变旧的风俗习惯。

⑧ 威仪：古时典礼中的动作仪文及待人接物的仪节。

下，而斯、高①以妖孽累其祸，废古术，隳旧礼，专任刑法，而儒、墨既丧焉。塞士之涂，壅②人之口，道谀日进而上不闻其过，此秦所以失天下而殒社稷也。故圣人为政，必先诛之，伪巧言以辅非而倾覆国家也。今子安取亡国之语而来乎？夫公卿处其位，不正其道，而以意阿邑③顺风，疾小人浅浅面从，以成人之过也。故知言之死，不忍从苟合之徒，是以不免于缧绁④。悲夫！"

丞相史曰："檀柘而有乡⑤，萑苇⑥而有藂⑦，言物类之相从也。孔子曰：'德不孤，必有邻。'故汤兴而伊尹至，不仁者远矣。未有明君在上而乱臣在下也。今先帝躬行仁圣之道，以临海内，招举俊才贤良之士，唯仁是用，诛逐乱臣，不避所亲，务以求贤而简退⑧不肖，犹尧之举舜、禹之族，殛鲧放骧兜⑨也。而曰'苟合之徒'，是则主非而臣阿，是也？"

文学曰："皋陶对舜：'在知人，惟帝其难之。'洪水之灾，尧独愁悴⑩而不能治，得舜、禹而九州宁。故虽有尧明之

---

① 斯、高：指李斯、赵高。

② 壅：阻塞。

③ 阿邑：迎合，曲从。

④ 缧绁（léi xiè）：拘系犯人的绳索。引申为囚禁。

⑤ 有乡：有相同的生长土壤。

⑥ 萑（huán）苇：芦类植物。萑，长成的蒹。苇，长成的葭。

⑦ 藂（cóng）：聚集。

⑧ 简退：黜退。

⑨ 骧（huān）兜：相传为尧舜时的部落首领，四凶之一。

⑩ 愁悴：忧愁憔悴。

君，而无舜、禹之佐，则纯德不流。《春秋》刺有君而无主。先帝之时，良臣未备，故邪臣得间①。尧得舜、禹而鲧殛骓兜诛，赵简子得叔向而盛青肩②诎。语曰：'未见君子，不知伪臣。'《诗》云：'未见君子，忧心忡忡。既见君子，我心则降。'此之谓也。"

丞相史曰："尧任鲧、骓兜，得舜、禹而放殛之以其罪，而天下咸服，诛不仁也。人君用之齐民，而颜异，济南亭③长也，先帝举而加之高位，官至上卿。狄山起布衣，为汉议臣，处舜、禹之位，执天下之中，不能以治，而反坐④诎上；故骓兜之诛加而刑戮至焉。贤者受赏而不肖者被刑，固其然也。文学又何怪焉？"

文学曰："论者相扶以义，相喻⑤以道，从善不求胜，服义不耻穷。若相迷以伪，相乱以辞，相矜于后息⑥，期于苟胜，非其贵者也。夫苏秦、张仪，荧惑⑦诸侯，倾覆万乘，使人失其所恃；非不辩，然乱之道也。君子疾鄙夫之不可与事君，患其听从

① 得间：得以钻空子。

② 盛青肩：晋国奸臣。

③ 亭：秦汉时乡以下的一种行政机构。《汉书·百官公卿表上》："大率十里一亭，亭有长。十亭一乡。"

④ 坐：特指办罪的因由。

⑤ 喻：晓喻，开导。

⑥ 后息：辩论双方你来我往，以最后停息者为胜。此处以"后息"指在辩论中最后取胜。

⑦ 荧惑：犹迷惑、炫惑。

而无所不至也。今子不听正义以辅卿相，又从而顺之，好须臾^①之说，不计其后。若子之为人吏，宜受上戮^②，子姑默矣！"

丞相史曰："盖闻士之居世也，衣服足以胜身^③，食饮足以供亲，内足以相恤，外不求于人。故身修然后可以理家，家理然后可以治官。故饭蔬粝^④者不可以言孝，妻子饥寒者不可以言慈，绪业不修者不可以言理。居斯世，行斯身，而有此三累^⑤者，斯亦足以默矣。"

孝养第二十五

　　文学曰："善养者不必刍豢也，善供服者不必锦绣也。以己之所有尽事其亲，孝之至也。故匹夫勤劳，犹足以顺礼，歠菽饮水^①，足以致其敬。孔子曰：'今之孝者，是为能养，不敬，何以别乎？'故上孝养志，其次养色^②，其次养体。贵其礼，不贪其养，礼顺心和，养虽不备，可也。《易》曰：'东邻杀牛，不如西邻之禴祭^③也。'故富贵而无礼，不如贫贱之孝悌。闺门之内尽孝焉，闺门之外尽悌焉，朋友之道尽信焉，三者，孝之至也。居家理者，非谓积财也，事亲孝者，非谓鲜肴也，亦和颜色、承意尽礼义而已矣。"

　　丞相史曰："八十曰耋^④，七十曰耄。耄，食非肉不饱，衣非帛不暖。故孝子曰甘毳^⑤以养口，轻暖以养体。曾子养曾皙，必有酒肉。无端^⑥绕^⑦，虽公西赤不能以为容。无肴膳，虽闵、

①　歠（chuò）菽饮水：食用粗茶淡饭。歠，饮，啜。
②　养色：对父母和颜悦色。
③　禴（yuè）祭：古代祭名。禴，同"礿"，古代宗庙四时祭之一。
④　耋（dié）：老。《诗经·秦风·车邻》："逝者其耋。"《毛传》："耋，老也。八十曰耋。"
⑤　毳（cuì）：通"脆"，脆弱，不坚。
⑥　端：玄端，古代的一种黑色礼服，亦作为燕居时的便服，自天子至诸侯、大夫、士皆服之。
⑦　绕（miǎn）：通"冕"，帝王、诸侯、卿大夫所戴的礼帽。

曾不能以卒养。礼无虚加，故必有其实然后为之文。与其礼有余而养不足，宁养有余而礼不足。夫洗爵以盛水，升降而进疏，礼虽备，然非其贵者也。"

文学曰："周襄王之母非无酒肉也，衣食非不如曾晳也，然而被不孝之名，以其不能事其父母也。君子重其礼，小人贪其养。夫嗟来而招之，投而与之，乞者由不取也。君子苟无其礼，虽美不食焉。故礼：主人不亲馈，则客不祭。是馈轻而礼重也。"

丞相史曰："孝莫大以天下一国养，次禄养①，下以力。故王公人君，上也，卿大夫，次也。夫以家人言之，有贤子当路于世者，高堂邃宇②，安车大马，衣轻暖，食甘毳。无者，褐衣皮冠，穷居陋巷，有旦无暮，食蔬疏荤③茹④，腠⑤腊⑥而后见肉。老亲之腹非唐园，唯菜是盛。夫蔬疏，乞者所不取，而子以养亲，虽欲以礼，非其贵也。"

文学曰："无其能而窃其位，无其功而有其禄，虽有富贵，由跖、蹻之养也。高台极望⑦，食案⑧方丈，而不可谓孝。老亲之腹非盗囊也，何故常盛不道之物？夫取非有非职⑨，财入而患

---

① 禄养：以官俸养亲。古人认为官俸本为养亲之资。

② 邃宇：深广的屋宇。

③ 荤：葱、蒜等辛臭的蔬菜。

④ 茹：吃。

⑤ 腠（lú）：古代祭名，各地时间不同。楚俗以二月祭饮食。

⑥ 腊：古时夏历十二月祭名，始于周代。

⑦ 极望：远望，尽目力所及。

⑧ 食案：短腿饭桌。

⑨ 非有非职：非自己所有，非职位所得。

从之，身且死祸殃，安得腊腊而食肉？曾参、闵子无卿相之养，而有孝子之名；周襄王富有天下，而有不能事父母之累。故礼菲而养丰，非孝也。掠困①而以养，非孝也。"

丞相史曰："上孝养色，其次安亲②，其次全身。往者，陈余背汉，斩于泜水；五被邪逆，而夷三族③。近世，主父偃行不轨而诛灭，吕步舒弄口而见戮，行身不谨，诛及无罪之亲。由此观之：虚礼无益于己也。文实配行，礼养俱施，然后可以言孝。孝在实质，不在于饰貌；全身在于谨慎，不在于驰语④也。"

文学曰："言而不诚，期⑤而不信，临难不勇，事君不忠，不孝之大者也。孟子曰：'今之世，今之大夫，皆罪人也。皆逢其意以顺其恶。'今子不忠不信，巧言以乱政，导谀以求合。若此者，不容于世。《春秋》曰：'士守一不移，循理不外援，共其职而已。'故卑位而言高者，罪也，言不及而言者，傲也。有诏公卿与斯议⑥，而空战口⑦也？"

---

① 掠困：劫掠别人的粮仓。
② 安亲：使父母安宁。
③ 三族：说法不一。（1）《大戴礼记·保傅》："三族辅之。"卢辩注："三族，父族、母族、妻族也。"（2）《礼记·仲尼燕居》："故三族和也。"郑玄注："三族，父、子、孙也。"（3）《史记·秦本纪》："法初有三族之罪。"裴骃集解引张晏曰："父亲、兄弟、妻子也。"（4）《仪礼·士昏礼》："惟是三族之不虞。"郑玄注："三族，谓父昆弟、己昆弟、子昆弟。"
④ 驰语：说空话。
⑤ 期：约会。
⑥ 与斯议：参与这次议论。
⑦ 空战口：空打嘴仗。

刺议第二十六

丞相史曰："山林不让椒桂，以成其崇；君子不辞负薪之言，以广其名。故多见者博，多闻者知，距谏者塞，专己①者孤。故谋及下者无失策，举及众者无顿功。《诗》云：'询于刍荛。'故布衣皆得风议，何况公卿之史乎？《春秋》士不载文，而书咺者，以为宰士也。②孔子曰：'虽不吾以，吾其与闻诸。'仆虽不敏，亦尝倾耳下风，摄齐句指，受业径于君子之涂矣。使文学言之而是，仆之言有何害？使文学言之而非，虽微丞相史，孰不非也？"

文学曰："以正辅人谓之忠，以邪导人谓之佞。夫佛过③纳善者，君之忠臣，大夫之直士也。孔子曰：'大夫有争臣三人，虽无道，不失其家。'今子处宰士之列，无忠正之心，枉不能正，邪不能匡，顺流以容身，从风④以说上。上所言则苟听，上

---

① 专己：固执己见。

② 《春秋》士不载文，而书咺（xuān）者，以为宰士也：见于《春秋公羊传·隐公元年》："秋七月，天王使宰咺来归惠公、仲子之赗。宰者何？官也。咺者何？名也。曷以为官氏？宰士也。"《春秋》士不载文，意思是《春秋》不记载士的事迹。

③ 佛（fú）过：辅助君主纠正过失。佛，通"拂"，"拂"古同"弼"，纠正、辅佐。

④ 从风：比喻响应或附从迅速。

所行则曲从，若影之随形，响之于声，终无所是非。衣儒衣，冠儒冠，而不能行其道，非其儒也。譬若土龙，文章①首目具而非龙也。葶历②似菜而味殊，玉石相似而异类。子非孔氏执经守道之儒，乃公卿面从之儒，非吾徒也。冉有为季氏宰而附益之，孔子曰：'小子鸣鼓而攻③之，可也。'故辅桀者不为智，为桀敛者不为仁。"

丞相史默然不对。

---

① 文章：错综华美的花纹。

② 葶（tíng）历：即葶苈，十字花科。一年生草本，全株有单毛和星状毛。基生叶呈莲座状，倒卵状矩圆形；茎生叶卵形至卵状披针形。春季开花，黄色。性寒，味辛苦。

③ 鸣鼓而攻：《论语·先进》："季氏富于周公，而求也为之聚敛而附益之。子曰：'非吾徒也，小子鸣鼓而攻之可也。'"后以"鸣鼓而攻"指公开宣布罪状，加以声讨。

利议第二十七

大夫曰："作世明主，忧劳万民，思念北边之未安，故使使者举贤良、文学高第，详延①有道之士，将欲观殊议异策，虚心倾耳以听，庶几②云得。诸生无能出奇计，远图伐匈奴安边境之策，抱枯竹③，守空言，不知趋舍之宜，时世之变，议论无所依，如膝痒而搔背，辩讼公门之下，讻讻④不可胜听，如品即口以成事，此岂明主所欲闻哉？"

文学曰："诸生对册⑤，殊路同归，指在崇礼义，退财利，复往古之道，匡当世之失，莫不云太平；虽未尽可亶用⑥，宜若有可行者焉。执事暗于明礼，而喻于利末，沮事隳议⑦，计虑筹策，以故至今未决。非儒无成事，公卿欲成利也。"

大夫曰："色厉而内荏，乱真者也。文表而枲里，乱实者

---

① 详延：尽数延揽。
② 庶几：也许可以。希冀之辞。
③ 抱枯竹：怀抱枯死的竹简。
④ 讻讻：喧扰不安貌。
⑤ 对册：对策，亦称"策试"。古代选拔官吏的考试方法。始于西汉文帝前元二年（前178）。即由皇帝提出一些有关政治、经义方面的问题，由被荐举的士人回答。册，通"策"。
⑥ 亶（dǎn）用：切实可行。亶，尽，实。
⑦ 隳议：毁坏建议。隳，通"堕"。

也。文学衰衣①博带，窃周公之服；鞠躬②踧踖③，窃仲尼之容；议论称诵，窃商、赐之辞；刺讥言治，窃管、晏之才。心卑卿相，志小万乘。及授之政，昏乱不治。故以言举人，若以毛相马。此其所以多不称举④。诏策曰：'朕嘉宇内之士，故详延四方豪俊文学博习之士，超迁⑤官禄。'言者不必有德，何者？言之易而行之难。有舍其车而识其牛，贵其不言而多成事也。吴铎⑥以其舌自破，主父偃以其舌自杀。鹖鴠⑦夜鸣，无益于明；主父鸣鸮，无益于死。非有司欲成利，文学桎梏⑧于旧术，牵于间言者也。"

文学曰："能言之，能行之者，汤、武也。能言，不能行者，有司也。文学窃周公之服，有司窃周公之位。文学桎梏于旧术，有司桎梏于财利。主父偃以舌自杀，有司以利自困。夫骥之才千里，非造父不能使；禹之知万人，非舜为相不能用。故季桓

---

① 衰（póu）衣：宽袍。

② 鞠躬：形容恭敬、谨慎。

③ 踧踖（cù jǐ）：恭敬而局促不安的样子。

④ 不称举：与推举不相称。

⑤ 超迁：越级升迁。

⑥ 吴铎（duó）：吴地出产的大铃。

⑦ 鹖鴠（hé dàn）：《本草纲目·禽二》谓鹖鴠即寒号虫。按其所述性状，为蝙蝠类，古人误认为鸟。

⑧ 桎梏（zhì gù）：束缚，压制。

子听政，柳下惠忽然不见，孔子为司寇①，然后悖炽②。骥，举之在伯乐，其功在造父。造父摄辔③，马无驽④良，皆可取道。周公之时，士无贤不肖，皆可与言治。故御之良者善调马，相之贤者善使士。今举异才而使臧驵御之，是犹扼⑤骥盐车而责之使疾。此贤良、文学多不称举也。"

大夫曰："嘻⑥！诸生阘茸无行，多言而不用，情貌不相副。若穿逾之盗，自古而患之。是孔丘斥逐于鲁君，曾不用于世也。何者？以其首摄多端⑦，迂时而不要也。故秦王燔去其术而不行，坑之渭中而不用。乃安得鼓口舌，申颜眉，预前⑧论议，是非国家之事也？"

---

① 司寇：官名。掌管司法、刑狱事务的辅政大臣。相传商代已置，为天子五官（司徒、司马、司空、司士、司寇）之一。西周置，春秋沿之，掌管刑狱、纠察等事。南方楚、陈等国称之为"司败"。《周礼》列为六卿之一，为秋官。战国时或称为"邦司寇"，主刑狱，督造兵器。西汉哀帝时，更名护军都尉为"司寇"，职掌迥异。

② 悖炽：兴盛。

③ 摄辔：手执驾驭牲口的缰绳。

④ 驽（nú）：能力低下的马。

⑤ 扼：驾车时套在牛马颈部的曲木。此处为动词，驾，套。

⑥ 嘻：表示轻蔑之声。

⑦ 首摄多端：首鼠多端。

⑧ 预前：指皇帝之前，御前。

国疾第二十八

文学曰："国有贤士而不用，非士之过，有国者之耻。孔子大圣也，诸侯莫能用，当小位①于鲁，三月，不令而行，不禁而止，沛②若时雨之灌万物，莫不兴起也。况乎位天下之本朝，而施圣主之德音教泽乎？今公卿处尊位，执天下之要，十有余年，功德不施于天下，而勤劳于百姓，百姓贫陋困穷，而私家累万金。此君子所耻，而《伐檀》③所刺也。昔者，商鞅相秦，后礼让，先贪鄙，尚首功④，务进取，无德厚于民，而严刑罚于国，俗日坏而民滋怨，故惠王烹菹其身，以谢天下。当此之时，亦不能论事矣。今执政患儒贫贱而多言，儒亦忧执事富贵而多患也。"

大夫视文学，悒悒⑤而不言也。

丞相史曰："夫辩国家之政事，论执政之得失，何不徐徐⑥

---

① 小位：小有权位。

② 沛：充盛貌。

③ 《伐檀》：《诗经·魏风》篇名。

④ 尚首功：崇尚斩首之功。一说尚同"上"，斩首多为上功。

⑤ 悒（yì）悒：忧闷不乐。

⑥ 徐徐：迟缓貌。

道理相喻，何至切切①如此乎！大夫难罢盐铁者，非有私也，忧国家之用，边境之费也。诸生闇闇②争盐铁，亦非为己也，欲反之于古而辅成仁义也。二者各有所宗，时世异务，又安可坚任古术而非今之理也。且夫《小雅》非人，必有以易之。诸生若有能安集国中③，怀来远方，使边境无寇虏之灾，租税尽为诸生除之，何况盐铁、均输乎！所以贵术儒者，贵其处谦推让，以道尽人。今辩讼愕愕④然，无赤、赐之辞，而见鄙倍之色，非所闻也。大夫言过，而诸生亦如之，诸生不直⑤谢大夫耳？"

贤良、文学皆离席曰："鄙人固陋，希涉大庭，狂言多不称，以逆执事。夫药酒苦于口而利于病，忠言逆于耳而利于行。故愕愕者福也，谀谀⑥者贼也。林中多疾风，富贵多谀言。万里之朝，日闻唯唯⑦，而后闻诸生之愕愕，此乃公卿之良药针石。"

大夫色少宽⑧，面⑨文学而苏贤良曰："穷巷多曲辩，而寡见者难喻。文学守死溟涬⑩之语，而终不移。夫往古之事，昔有之

---

① 切切：形容恳挚或迫切。

② 闇（yín）闇：急切争辩貌。

③ 安集国中：安定、凝聚国内民众。

④ 愕（è）愕：同"谔谔"，直言争辩貌。

⑤ 不直：不应当。

⑥ 谀（jiàn）谀：能言善辩。

⑦ 唯唯：应诺声。

⑧ 宽：缓和。

⑨ 面：通"偭"，背对。

⑩ 溟涬（míng xìng）：本意指混混茫茫的样子。此处指漫无边际。

语，已可睹矣。今以近世观之，自以目有所见，耳有所闻，世殊而事异。文、景之际，建元之始，民朴而归本，吏廉而自重，殷殷①屯屯②，人衍而家富。今政非改而教非易也，何世之弥薄而俗之滋衰也！吏即少廉，民即寡耻，刑非诛恶，而奸犹不止。世人有言：'鄙儒不如都士。'文学皆出山东，希涉大论。子大夫论京师之日久，愿分明政治得失之事，故所以然者也。"

贤良曰："夫山东天下之腹心，贤士之战场也。高皇帝龙飞凤举③于宋、楚之间，山东子弟萧、曹、樊、郦、滕、灌之属为辅，虽即异世，亦既闳夭、太颠而已。禹出西羌，文王生北夷，然圣德高世，有万人之才，负迭④群之任。出入都市，一旦不知返⑤，数然后终于厮役而已。仆虽不生长京师，才驽下愚，不足与大议，窃以所闻闾里长老之言，往者，常民衣服温暖而不靡，器质朴牢⑥而致用，衣足以蔽体，器足以便事，马足以易步，车足以自载，酒足以合欢而不湛⑦，乐足以理心而不淫，入无宴乐之闻，出无佚游之观，行即负赢⑧，止则锄耘，用约而财饶，本修而民富，送死哀而不华，养生适而不奢，大臣正而无

---

① 殷殷：众多貌。

② 屯（zhūn）屯：谨厚，信实。

③ 龙飞凤举：比喻皇帝兴起，古代多以龙凤比喻皇族。刘邦在丰沛起兵，丰沛处于宋、楚交界之处。

④ 迭：通"轶"，超越。

⑤ 返：指返回到仁义根本。

⑥ 器质朴牢：器具质地俭朴牢固。

⑦ 湛：通"沉"，沉溺。

⑧ 负赢：负担。

欲，执政宽而不苛；故黎民宁其性，百吏保其官。建元①之始，崇文修德，天下乂安②。

"其后，邪臣各以伎艺，亏乱至治，外障山海，内兴诸利。杨可告缗③，江充禁服，张大夫革令，杜周治狱，罚赎科适④，微细并行，不可胜载。夏兰之属妄搏，王温舒之徒妄杀，残吏萌起，扰乱良民。当此之时，百姓不保其首领，豪富莫必其族姓。圣主觉焉⑤，乃刑戮充等，诛灭残贼，以杀死罪之怨，塞天下之责，然居民肆然复安。然其祸累世不复，疮痍⑥至今未息。故百官尚有残贼之政，而强宰尚有强夺之心。大臣擅权而击断，豪猾多党而侵陵，富贵奢侈，贫贱篡杀⑦，女工难成而易弊，车器难就而易败，车不累期⑧，器不终岁，一车千石⑨，一

---

① 建元：汉武帝年号（前140—前135）。
② 乂安：太平无事。
③ 杨可告缗（mín）：《史记·平准书》："杨可告缗遍天下，中家以上，大抵皆遇告。"公元前119年，汉朝颁布算缗令，征收商人、手工业者的财产税和车船税。由于许多人隐匿财产，因此公元前114年，汉武帝颁布告缗令，下令百姓告发偷漏缗钱者，凡告发属实，将罚没财产的一半赏给告发者。此事由杨可主持。缗，穿钱的绳子，亦指成串的钱，一千文为一缗。
④ 科适：判刑，贬谪。
⑤ 觉焉：觉察。
⑥ 疮痍（chuāng yí）：创伤，伤口。比喻人民的疾苦。
⑦ 篡杀：掠夺杀人。
⑧ 车不累期（jī）：车子使用不到两年。累期，两年。期，一年。
⑨ 石：旧重量单位，一百二十市斤为一石。

衣十钟①。常民文杯画案，机②席缉蹜③，婢妾衣纨履丝，匹庶粺饭④肉食。

"里⑤有俗，党有场，康庄⑥驰逐⑦，穷巷蹋鞠，秉耒抱臿⑧、躬耕身织者寡，聚要敛容、傅白⑨黛青⑩者众。无而为有，贫而强夸，文表无里，纨袴枲装，生不养，死厚送，葬死殚家，遣女满车，富者欲过，贫者欲及，富者空减，贫者称贷。是以民年急而岁促，贫即寡耻，乏即少廉，此所以刑非诛恶而奸犹不止也。故国有严急之征，即生散不足之疾矣。"

---

① 钟：容量单位，六石四斗为一钟。

② 机：通"几"，几案。

③ 缉蹜：丰盛。

④ 粺（bài）饭：精米饭。粺，一石粗米舂取九斗的精米。

⑤ 里：二十五家为里。

⑥ 康庄：宽阔平坦、四通八达的道路。

⑦ 驰逐：驱马追逐，即赛马。

⑧ 耒、臿（chā）：两种耕种农具。

⑨ 傅白：涂抹白粉。傅，通"敷"。

⑩ 黛青：用青色画眉毛。

散不足第二十九

　　大夫曰："吾以贤良为少愈，乃反①其幽明，若胡车相随而鸣。诸生独不见季夏之螇②乎？音声入耳，秋至而声无。者生无易由言，不顾其患，患至而后默，晚矣。"

　　贤良曰："孔子读史记，喟然③而叹，伤正德之废，君臣之危也。夫贤人君子，以天下为任者也。任大者思远，思远者忘近。诚心闵悼④，恻隐⑤加尔，故忠心独而无累。此诗人所以伤而作，比干、子胥遗身忘祸也。其恶劳人若斯之急，安能默乎？《诗》云：'忧心如惔⑥，不敢戏谈⑦。'孔子栖栖，疾固也。墨子⑧遑遑，闵世也。"

　　大夫默然。

---

① 反：倾倒。

② 螇（xī）：蟪蛄，蝉科。紫青色，有黑纹，后翅除外缘均为黑色。

③ 喟（kuì）然：叹息的样子。

④ 闵悼：怜恤伤悼。

⑤ 恻隐：对别人的不幸表示深切怜悯。

⑥ 惔（tán）：火烧。《诗经·小雅·节南山》："忧心如惔。"

⑦ 戏谈：诙谐的谈话，开玩笑。

⑧ 墨子（约前468—前376）：春秋战国之际思想家、政治家，墨家的创始人。名翟（dí）。宋国人，后长期住在鲁国。曾学儒术，因不满其烦琐的"礼"，另立新说，聚徒讲学，成为儒家的主要反对派。

丞相曰："愿闻散不足^①。"

贤良曰："宫室舆马，衣服器械，丧祭食饮，声色玩好，人情之所不能已也。故圣人为之制度以防之。间者，士大夫务于权利，怠于礼义；故百姓仿效，颇逾制度。今故陈之曰。

"古者，谷物菜果，不时^②不食，鸟兽鱼鳖，不中杀^③不食。故徼^④罔^⑤不入于泽，杂毛不取。今富者逐驱歼罔罝^⑥，掩捕麑^⑦鷇^⑧，耽湎沈酒^⑨铺百川。鲜羔挑^⑩，几胎肩^⑪，皮黄口。春鹅秋雏，冬葵温韭，浚^⑫茈^⑬蓼苏，丰蝡^⑭耳菜，毛果^⑮虫貉。

"古者，采椽茅茨，陶桴^⑯复穴，足御寒暑、蔽风雨而已。及其后世，采椽不斫，茅茨不翦，无斫削之事，磨砻^⑰之功。大

---

① 愿闻散不足：我想听一听关于财富分散、不够使用的问题。

② 不时：不到成熟时节。

③ 不中杀：不到该杀的时候。

④ 徼：通"缴"，系在箭上的生丝绳，射鸟用。

⑤ 罔：同"网"。

⑥ 罝（jū）：捕兽的网。

⑦ 麑（ní）：幼鹿。

⑧ 鷇（kòu）：待哺的雏鸟。

⑨ 耽湎沈酒：沉溺于酗酒。

⑩ 鲜羔挑（zhào）：新鲜的羊羔肉。挑，未满一岁的羊。

⑪ 胎肩：小猪。

⑫ 浚：通"葰"，一种香菜。

⑬ 茈（zǐ）：子姜。

⑭ 蝡（ruǎn）：木耳。

⑮ 果：通"倮（luǒ）"，倮虫，旧时总称无羽毛鳞甲蔽身的动物。

⑯ 桴（fú）：房屋的次梁，即二梁。

⑰ 磨砻（lóng）：打磨光滑。

夫达棱①橪②，士颖首③，庶人斧成木构而已。今富者井干增梁，雕文槛楯④，垩⑤幔⑥壁饰。

"古者，衣服不中制，器械不中用，不粥⑦于市。今民间雕琢不中之物，刻画玩好无用之器。玄黄杂青，五色绣衣，戏弄蒲人杂妇⑧，百兽马戏斗虎，唐锑⑨追人⑩，奇虫⑪胡妲⑫。

"古者，诸侯不秣马，天子有命，以车就牧。庶人之乘马者，足以代其劳而已。故行则服枙⑬，止则就犁。今富者连车列骑，骖⑭贰⑮辎⑯軿⑰。中者微舆短毂⑱，繁髦⑲掌蹄⑳。夫一马伏

---

① 棱：物体的边角或尖角。

② 橪（yíng）：泛指柱子。

③ 颖首：把柱子的顶端砍成尖状。

④ 槛楯（shǔn）：门槛、栏杆。

⑤ 垩（è）：白色土。

⑥ 幔（nán）：粉刷。

⑦ 粥（yù）：同"鬻"，卖。

⑧ 杂妇：村妇。

⑨ 唐锑（tī）：古代百戏之一，即翻空梯、上高竿之类。

⑩ 追人：古代幻术。

⑪ 奇虫：指鱼龙之类杂技。

⑫ 胡妲：汉代歌舞百戏中的女伎。

⑬ 枙：通"轭"，驾车时套在牛马颈部的曲木。

⑭ 骖（cān）：一车驾三马。

⑮ 贰：两匹马拉一辆车。

⑯ 辎：古代有帷盖的大车。

⑰ 軿（píng）：古代一种有帷幕的车。特指贵族妇女所乘有帷幕的车。

⑱ 微舆短毂：指小车。微舆，小车箱。短毂，短车轴。

⑲ 繁髦：马鬣（liè）装饰。

⑳ 掌蹄：钉铁掌于马蹄。

枥①，当中家六口之食，亡丁男一人之事。

"古者，庶人耋老而后衣丝②，其余则麻枲而已，故命曰布衣。及其后，则丝里枲表，直领无袆③，袍合不缘。夫罗纨文绣者，人君后妃之服也。茧绸④缣练者，婚姻之嘉饰也。是以文缯⑤薄织，不鬻于市。今富者缛绣罗纨，中者素绨⑥冰锦。常民而被后妃之服，亵人⑦而居婚姻之饰。夫纨素之贾倍缣，缣之用倍纨也。

"古者，椎车无柔，栈舆⑧无植⑨。及其后，木轮⑩不衣，长毂数幅，蒲荐⑪苙盖⑫，盖无漆丝之饰。大夫士则单楘⑬木具，盘韦柔革⑭。常民漆舆大軨蜀轮。今庶人富者银黄华左搔⑮，结绥⑯

────────────

① 伏枥：枥，亦作"历"，马槽。马伏于槽枥。谓关在栏里饲养。
② 衣丝：穿丝绸衣服。
③ 袆（huī）：蔽膝。
④ 茧绸（chóu）：粗丝绸。
⑤ 文缯（zēng）：花绢。指绣花或织成图案的绢帛。
⑥ 素绨：白色丝织品。
⑦ 亵（xiè）人：卑贱妇女。
⑧ 栈舆：栈车，古代用竹木做成的车子。
⑨ 植：通"直"，直木。
⑩ 軨（líng）：车阑，即车箱前面和左右两面横直交结的栏木。
⑪ 蒲荐：用蒲草叶编织的席子。
⑫ 苙盖：用草编成的车盖。
⑬ 单楘：当作"蝉攫"，车轮的外圈。
⑭ 盘韦柔革：用软熟兽皮盘在车轮的边框之上。
⑮ 搔：通"瑵（zhǎo）"，古代车盖弓端伸出如爪的部分，一般以玉为饰。
⑯ 结绥：登车拉手用绳子打成花结。绥，登车时用以拉手的绳索。

韬杠^①。中者错镳^②涂采，珥^③靳^④飞轮。

"古者，鹿裘皮冒^⑤，蹄足不去。及其后，大夫士狐貉缝腋^⑥，羔麑豹袪^⑦。庶人则毛绔^⑧衳^⑨彤，羒襎皮褔^⑩。今富者鼲貂，狐白凫翁^⑪。中者罽衣^⑫金缕，燕貉代黄。

"古者，庶人贱骑绳控，革鞮^⑬皮荐而已。及其后，革鞍牦成，铁镳不饰。今富者鞙耳^⑭银镊鬣^⑮，黄金琅勒，罽绣弇汗^⑯，垂珥胡鲜。中者漆韦^⑰绍系，采画暴干。

"古者，污尊抔饮^⑱，盖无爵觞樽俎。及其后，庶人器用

---

① 韬杠：用熟皮裹着的车辕。
② 镳（biāo）：马具。与衔合用，俗称马嚼子。商周时有青铜制的，也有骨、角制的。衔在口内，备抽勒；镳在口旁，上系銮铃或扇汗。
③ 珥：珠玉耳饰。此处用作动词，装饰。
④ 靳：古代驾车夹辕两马当胸的皮革。因用作夹辕两马的代称。
⑤ 冒："帽"的古字。
⑥ 缝腋：大袖单衣，古儒者所服。
⑦ 羔麑豹袪（qū）：意为用羊羔皮做皮袄，用豹皮做袖口。袪，袖口。
⑧ 毛绔：毛裤。绔，同"袴"。
⑨ 衳（zhōng）：合裆的内裤。
⑩ 羒（fú）皮褔（bó）：公羊皮皮袄和杂兽皮的短皮袄。
⑪ 狐白凫翁：用狐腋的白毛皮做成的衣服及用鸭绒做成的衣服。凫翁指水鸭的颈毛。
⑫ 罽（jì）衣：毛衣。
⑬ 鞮（dī）：兽皮做的鞋。
⑭ 鞙（xù）耳：用革做的马的耳饰。
⑮ 银镊鬣（liè）：银制的马头饰。
⑯ 弇（yǎn）汗：障泥，马鞯。因垫在马鞍下，垂于马背两旁以挡泥土，故称。
⑰ 漆韦：涂漆的熟皮。
⑱ 抔（póu）饮：以手掬水而饮。

即竹柳陶匏①而已。唯瑚琏②簋豆而后雕文彤漆。今富者银口黄耳，金罍③玉钟。中者野王纻器④，金错蜀杯。夫一文杯得铜杯十，贾贱而用不殊。箕子之讥，始在天子，今在匹夫。

"古者，燔黍食稗，而捭⑤豚以相飨⑥。其后，乡人饮酒，老者重豆，少者立食，一酱一肉，旅饮而已。及其后，宾婚相召，则豆羹白饭，綦脍⑦熟肉。今民间酒食，肴旅重叠，燔炙满案，臑鳖⑧脍鲤，麑卵鹑鷃⑨橙枸，鲐鳢⑩醢醯⑪，众物杂味。

"古者，庶人春夏耕耘，秋冬收藏，昏晨力作，夜以继日。《诗》云：'昼尔于茅⑫，宵尔索绹⑬，亟其乘屋⑭，其始播百谷。'非膢腊不休息，非祭祀无酒肉。今宾昏酒食，接连相因，析酲⑮什半⑯，弃事相随，虑无乏日。

---

① 匏（páo）：葫芦的一种，对半剖开可做水瓢。
② 瑚琏：古代宗庙中盛黍稷的礼器。
③ 金罍（léi）：饰金的大型酒器。
④ 纻器：苎麻为胎的漆器。
⑤ 捭（bǎi）：分开。
⑥ 飨（xiǎng）：用酒食款待人。
⑦ 綦脍（qí kuài）：细切的肉或鱼。
⑧ 臑（ér）鳖：煮熟的甲鱼。臑，通"胹"，煮熟。
⑨ 鹑鷃（yàn）：鹌鹑。
⑩ 鳢（lǐ）：一种鱼类。亦称"乌鱼""黑鱼""乌鳢"。硬骨鱼纲，月鳢科。
⑪ 醯（xī）：醋。
⑫ 于茅：割茅草。
⑬ 绹：绳索。
⑭ 乘屋：修盖房屋。
⑮ 析酲（chéng）：解酒，醒酒。
⑯ 什半：十个人醉倒五个。

"古者，庶人枥食藜藿，非乡饮酒膢腊祭祀无酒肉。故诸侯无故不杀牛羊，大夫士无故不杀犬豕[1]。今闾巷县佰[2]，阡伯[3]屠沽[4]，无故烹杀，相聚野外。负粟而往，挈[5]肉而归。夫一豕之肉，得中年之收，十五斗粟，当丁男半月之食。

"古者，庶人鱼菽之祭，春秋修其祖祠。士一庙，大夫三[6]，以时有事于五祀[7]，盖无出门之祭。今富者祈名岳，望山川，椎牛击鼓，戏倡[8]儛像。中者南居当路，水上云台，屠羊杀狗，鼓瑟吹笙。贫者鸡豕五芳[9]，卫保散腊，倾盖[10]社场。

"古者，德行求福，故祭祀而宽[11]。仁义求吉，故卜筮而希[12]。今世俗宽于行而求于鬼，怠于礼而笃于祭，嫚亲[13]而贵

---

① 豕（shǐ）：猪。

② 县佰：恶霸。

③ 阡伯：阡陌。田间纵横交错的小路。

④ 屠沽：屠户和酒家。

⑤ 挈（qiè）：提起。

⑥ 士一庙，大夫三：《礼记·礼器》："天子七庙，诸侯五，大夫三，士一。"《礼记·王制》："大夫三庙，一昭一穆，与太祖之庙而三。士一庙。"

⑦ 五祀：古代祭祀的五种神祇。《周礼·春官·大宗伯》："以血祭祭社稷、五祀、五岳。"即春神句芒、夏神祝融、中央后土、秋神蓐收、冬神玄冥。

⑧ 戏倡：俳优。古代以乐舞谐戏为业的艺人。

⑨ 五芳：指五味。

⑩ 倾盖：盖，车盖，形如伞。谓停车交盖，两盖稍稍倾斜。此处形容祭祀时车马很多。

⑪ 宽：松懈，放松。

⑫ 希：稀少，罕见。

⑬ 嫚亲：轻侮父母。

势，至妄而信日①，听诡言②而幸得，出实物而享虚福。

"古者，君子夙夜孳孳③思其德；小人晨昏孜孜思其力。故君子不素餐，小人不空食。今世俗饰伪行诈，为民巫④祝，以取厘谢⑤，坚额⑥健舌，或以成业致富，故惮事之人⑦，释本相学。是以街巷有巫，闾里有祝。

"古者，无杠樠⑧之寝，床杉之案⑨。及其后世，庶人即采木之杠，牒桦⑩之樠。士不斤⑪成，大夫苇莞⑫而已。今富者黼绣帷幄⑬，涂屏错跗⑭。中者锦绨高张，采画丹漆。

"古者，皮毛草蓐⑮，无茵席⑯之加，旃蒻⑰之美。及其后，大夫士复荐草缘，蒲平单莞。庶人即草蓐索经，单蔺籧篨⑱

---

① 信日：迷信占卜。日，日者，占候卜筮的人。
② 诡（yí）言：夸大不实之言。
③ 孳孳：同"孜孜"，努力不懈貌。
④ 巫：古代从事占卜、祈祷等为人求福、却灾的人。
⑤ 厘谢：谓以胙肉作为酬报。
⑥ 坚额：坚实的前额，善于磕头。
⑦ 惮事之人：不愿干活的人。
⑧ 杠樠（mán）：床前的横木和床板。
⑨ 床杉（yí）之案：炕桌。
⑩ 牒桦：据《方言》，东齐、海岱之间将杠称为桦，卫之北郊、赵、魏之间将床板称为牒。
⑪ 斤：斫木斧。
⑫ 苇莞：指用芦苇和莞草编的席。
⑬ 帷幄：帐幕。在旁的称"帷"，四面合起来像屋宇的称"幄"。
⑭ 错跗（fū）：镶有金边的屏风底座。跗，脚背，此处指屏风底座。
⑮ 草蓐（rù）：草垫子，草席。
⑯ 茵席：褥垫，草席。
⑰ 蒻（ruò）：嫩的香蒲。蒲蒻做的席，其质细柔。
⑱ 籧篨（qú chú）：用苇或竹编的粗席。

而已。今富者绣茵翟①柔，蒲子露床。中者獏皮②代旃，阆坐③平莞。

　　"古者，不粥饪，不市食。及其后，则有屠沽，沽酒市脯④鱼盐而已。今熟食遍列，肴施成市，作业堕怠，食必趣⑤时，杨⑥豚韭卵，狗臛⑦马朘⑧，煎鱼切肝，羊淹⑨鸡寒⑩，桐马酪酒⑪，蹇脯胃脯，腷羔豆赐⑫，毂膹⑬雁羹，臭鲍甘瓠，熟梁貊炙⑭。

　　"古者，土鼓块枹⑮，击木拊石⑯，以尽其欢。及其后，卿大夫有管磬⑰，士有琴瑟。往者，民间酒会，各以党俗，弹筝鼓

------

① 翟：长尾的野鸡。
② 獏皮：滩羊皮。獏，疑为"滩"字。
③ 阆坐：床前的榻凳。
④ 脯（fǔ）：干肉。
⑤ 趣：急促。
⑥ 杨：疑为"炀"，炙。
⑦ 狗臛（zhé）：切得很细的狗肉。臛，切成薄片的肉。
⑧ 朘（juān）：少汁的肉羹。
⑨ 羊淹：腌制羊肉。淹，通"腌"。
⑩ 鸡寒：凉的酱鸡。
⑪ 桐（dòng）马酪酒：马酪。因取马奶制成，故称"桐马"；因马酪味如酒，故称"酒"。桐，推引，用力拌动。
⑫ 豆赐：豆豉。
⑬ 膹（fèn）：多汁的肉羹。
⑭ 貊炙：烤猪。
⑮ 块枹（fú）：敲击土块。
⑯ 拊石：拍打石头。
⑰ 磬（qìng）：击奏体鸣乐器。"八音"分类中"石"的代表乐器。

缶^①而已。无要妙之音，变羽之转。今富者钟鼓五乐，歌儿^②数曹^③。中者鸣竽调瑟，郑舞赵讴^④。

"古者，瓦棺容尸^⑤，木板堲周^⑥，足以收形骸，藏发齿而已。及其后，桐棺不衣，采椁不斫。今富者绣墙题凑^⑦，中者梓棺楩椁^⑧，贫者画荒衣袍，缯囊缇橐^⑨。

"古者，明器有形无实，示民不可用也。及其后，则有醯醢之藏，桐马偶人弥祭^⑩，其物不备。今厚资多藏，器用如生人。郡国繇吏，素桑楺^⑪，偶车橹轮，匹夫无貌领，桐人衣纨绨。

"古者，不封^⑫不树^⑬，反虞祭于寝，无坛宇^⑭之居，庙堂之

---

① 缶（fǒu）：瓦质的打击乐器。

② 歌儿：歌手。

③ 曹：辈。此处指队。

④ 赵讴：赵地歌曲。

⑤ 容尸：收殓尸体。

⑥ 堲（jí）周：亦称"土周"。烧土为砖附于棺之四周。《淮南子·氾论》："有虞氏用瓦棺，夏后氏堲周，殷人用椁……此葬之不同者也。"高诱注："夏后氏禹世无棺椁，以瓦广二尺，长四尺，侧身累之以蔽土，曰堲周。"

⑦ 题凑：椁室用大木累积而成，木头皆内向为椁盖，上尖下方，犹如屋檐四垂，谓之"题凑"。

⑧ 梓棺楩（pián）椁：梓、楩，两种珍贵木材。椁，棺外的套棺。

⑨ 缯囊缇（tí）橐（tuó）：把尸体装在丝织袋里面。缇，橘红色的布帛。橐，袋子。

⑩ 弥祭：完成祭礼。

⑪ 楺（róu）：古同"揉"，使木条弯曲。

⑫ 封：堆土为坟。

⑬ 树：墓旁植树。

⑭ 坛宇：坛，堂基。宇，屋边。

位。及其后，则封之，庶人之坟半仞，其高可隐。今富者积土成山，列树成林，台榭连阁，集观增楼。中者祠堂屏合，垣阙罘罳①。

"古者，邻有丧，舂②不相杵③，巷不歌谣。孔子食于有丧者之侧，未尝饱也，子于是日哭，则不歌。今俗因人之丧以求酒肉，幸与小坐而责辨，歌舞俳优，连笑伎戏。

"古者，男女之际尚矣，嫁娶之服，未之以记。及虞、夏之后，盖表布内丝，骨笄④象珥，封君夫人加锦尚褧⑤而已。今富者皮衣朱貉，繁露⑥环佩。中者长裾⑦交袆，璧瑞簪珥。

"古者，事生尽爱，送死尽哀。故圣人为制节，非虚加之。今生不能致其爱敬，死以奢侈相高；虽无哀戚之心，而厚葬重币者，则称以为孝，显名立于世，光荣著于俗。故黎民相慕效，至于发屋卖业⑧。

"古者，夫妇之好，一男一女，而成家室之道。及后，士

---

① 罘罳（fú sī）：古代设在宫门外或城角的屏，上面有孔，形似网，用以守望和防御。

② 舂（chōng）：用杵臼捣去谷物的皮壳。

③ 杵：捣物的棒槌。

④ 骨笄（jǐ）：兽骨制的簪子。

⑤ 褧（jiǒng）：麻布制的单罩衣。

⑥ 繁露：冕旒上的悬玉。

⑦ 裾（jū）：衣服的前襟。亦称大襟。

⑧ 发屋卖业：出卖房屋和家产。

一妾，大夫二，诸侯有侄娣九女①而已。今诸侯百数，卿大夫十数，中者侍御，富者盈室。是以女或旷怨失时②，男或放死无匹③。

"古者，凶年不备，丰年补败，仍旧贯而不改作。今工异变而吏殊心，坏败成功，以匿厥意。意极乎功业，务存乎面目。积功以市誉④，不恤民之急。田野不辟，而饰亭落，邑居丘墟⑤，而高其郭。

"古者，不以人力徇于禽兽，不夺民财以养狗马，是以财衍而力有余。今猛兽奇虫不可以耕耘，而令当耕耘者养食之。百姓或短褐不完，而犬马衣文绣，黎民或糟糠不接，而禽兽食粱肉。

"古者，人君敬事爱下，使民以时，天子以天下为家，臣妾⑥各以其时供公职，古今之通义也。今县官多畜奴婢，坐禀⑦衣食，私作产业，为奸利，力作不尽，县官失实。百姓或无斗筲之储，官奴累百金；黎民昏晨不释事，奴婢垂拱⑧遨游也。

---

① 侄娣（dì）九女：侄女和妹妹九个女子。《春秋公羊传·庄公十九年》："媵（yìng）者何？诸侯娶一国，则二国往媵之，以侄娣从。侄者何？兄之子也。娣者何？弟也。诸侯一聘九女。"

② 旷怨失时：女子因为多妻制而难见夫君，怨恨失去青春。

③ 放死无匹：到死也没有配偶。

④ 市誉：换取声誉。

⑤ 丘墟：废墟，荒地。

⑥ 臣妾：所属臣下的称谓。

⑦ 坐禀：坐享。

⑧ 垂拱：垂衣拱手。

"古者，亲近而疏远，贵所同而贱非类。不赏无功，不养无用。今蛮、貊无功，县官居肆，广屋大第^①，坐禀衣食。百姓或旦暮不赡，蛮、夷或厌酒肉。黎民泮汗^②力作，蛮、夷交胫肆踞^③。

"古者，庶人麄菲草芰^④，缩丝尚韦而已。及其后，则綦下不借，鞔鞮革舄^⑤。今富者革中名工，轻靡使容，纵里纫下^⑥，越端纵缘。中者邓、里闲作蒯苴^⑦。蠢竖^⑧婢妾，韦沓丝履。走者茸芰^⑨絇绾^⑩。

"古圣人劳躬养神，节欲适情，尊天敬地，履德行仁。是以上天歆^⑪焉，永其世而丰其年。故尧秀眉高彩，享国百载。及秦始皇览怪迂^⑫，信祇祥^⑬，使卢生求羡门高，徐市等入海求不死之药。当此之时，燕、齐之士，释锄耒，争言神仙。方士于

---

① 第：上等房屋。因以为大住宅之称。

② 泮（pàn）汗：挥汗貌。

③ 交胫肆踞：交叉两腿放肆地坐着。

④ 麄（cū）菲草芰（jì）：菲，借为"扉"。芰，通"履"。麄、菲、芰，都是草鞋。

⑤ 舄（xì）：古代一种复底鞋。

⑥ 纫（xún）下：用细带装饰鞋底。纫，细带。

⑦ 蒯（kuǎi）苴：用蒯草做鞋垫。

⑧ 蠢竖：愚蠢的童仆。

⑨ 茸芰：细软的鞋。

⑩ 絇绾（qú wǎn）：絇，古时鞋头上的装饰，有孔，可以穿系鞋带。绾，系，盘结。

⑪ 歆：欣羡，悦服。

⑫ 怪迂：怪诞迂腐。

⑬ 祇（jì）祥：谓吉凶的先兆。

是趣咸阳者以千数，言仙人食金饮珠，然后寿与天地相保。于是数巡狩五岳、滨海之馆，以求神仙蓬莱①之属。数幸之郡县，富人以资佐②，贫者筑道旁。其后，小者亡逃，大者藏匿；吏捕索掣顿③，不以道理。名宫之旁，庐舍丘落，无生苗立树；百姓离心，怨思者十有半。《书》曰：'享多仪，仪不及物曰不享。'故圣人非仁义不载于己，非正道不御于前。是以先帝诛文成、五利等，宣帝建学官，亲近忠良，欲以绝怪恶之端，而昭至德之涂也。

"宫室奢侈，林木之蠹④也。器械雕琢，财用之蠹也。衣服靡丽，布帛之蠹也。狗马食人之食，五谷之蠹也。口腹从恣，鱼肉之蠹也。用费不节，府库之蠹也。漏积不禁，田野之蠹也。丧祭无度，伤生之蠹也。堕成变故伤功，工商上通伤农。故一杯棬⑤用百人之力，一屏风就万人之功，其为害亦多矣！目修于五色，耳营于五音，体极轻薄，口极甘脆，功积于无用，财尽于不急，口腹不可为多。故国病聚不足即政怠，人病聚不足则身危。"

丞相曰："治聚不足奈何？"

---

① 蓬莱：传说中的神山。
② 资佐：资财辅助。
③ 掣（chè）顿：硬拉，强夺。
④ 蠹（dù）：蛀虫。引申为侵蚀或消耗国家财富的人或事。
⑤ 杯棬（quān）：一种未经雕饰的木质饮酒器。

救匮第三十

贤良曰："盖桡①枉者以直，救文者以质。昔者，晏子相齐，一狐裘三十载。故民奢，示之以俭；民俭，示之以礼。方今公卿大夫子孙，诚能节车舆②，适衣服③，躬亲节俭，率以敦朴，罢园池，损田宅，内无事④乎市列，外无事乎山泽，农夫有所施其功，女工有所粥其业；如是，则气脉和平，无聚不足之病矣。"

大夫曰："孤子⑤语孝，躄者语杖，贫者语仁，贱者语治。议不在己者易称，从旁议者易是，其当局则乱。故公孙弘布被，倪宽练袍⑥，衣若仆妾，食若庸夫。淮南逆于内，蛮、夷暴于外，盗贼不为禁，奢侈不为节；若疫岁⑦之巫，徒能鼓口耳，何散不足之能治乎？"

贤良曰："高皇帝之时，萧、曹为公，滕、灌之属为卿，济

---

① 桡（náo）：弯曲。
② 节车舆：节制车舆豪奢风气。
③ 适衣服：衣服适当，指避免过度奢靡华丽。
④ 无事：不要从事。
⑤ 孤子：年少丧父者或父母双亡者。
⑥ 练袍：素袍。
⑦ 疫岁：瘟疫之年。

济然斯则贤矣。文、景之际，建元^①之始，大臣尚有争引^②守正之义。自此之后，多承意从欲，少敢直言面议而正刺，因公而徇私。故武安丞相讼园田，争曲直人主之前。夫九层之台一倾，公输子不能正；本朝一邪，伊、望不能复。故公孙丞相、倪大夫侧身行道，分禄以养贤，卑己以下士，功业显立，日力不足，无行人^③子产之继。而葛绎、彭侯之等，隳坏其绪，纰乱^④其纪，毁其客馆议堂，以为马厩妇舍，无养士之礼，而尚骄矜之色，廉耻陵迟^⑤而争于利矣。故良田广宅，民无所之；不耻为利者满朝市，列田畜者弥郡国，横暴掣顿，大第巨舍之旁，道路且不通，此固难医而不可为工。"

大夫勃然作色，默而不应。

---

① 建元：汉武帝年号（前140—前135）。

② 争引：援引事例以谏诤。

③ 行人：官名。《周礼》秋官属官，有大行人、小行人。掌迎送接待宾客之礼。春秋、战国时多置，掌朝觐聘问，常任使者。秦、西汉有行人令，后改称"大行令"，掌接待少数民族宾客。西汉诸侯国亦置。

④ 纰（pī）乱：搞乱。

⑤ 陵迟：斜平，坡度渐缓。引申为衰颓。

箴石第三十一

丞相曰："吾闻诸郑长者曰：'君子正颜色，则远暴嫚①；出辞气，则远鄙倍矣。'故言可述，行可则。此有司凤昔②所愿睹也。若夫剑客论、博奕辩，盛色③而相苏，立权以不相假④，使有司不能取贤良之议，而贤良、文学被不逊之名，窃为诸生不取也。公孙龙有言：'论之为道辩，故不可以不属意⑤，属意相宽，相宽其归争，争而不让，则入于鄙。'今有司不仁，又蒙素餐⑥，无以更责雪耻矣。县官所招举贤良、文学，而及亲民伟仕⑦，亦未见其能用箴石⑧而医百姓之疾也。"

贤良曰："贾生有言：'恳言则辞浅而不入⑨，深言则逆耳而失指⑩。'故曰：'谈何容易。'谈且不易，而况行之乎？此

---

① 暴嫚：凶暴懈怠。嫚，通"慢"，懈怠，迟缓。
② 凤昔：往日。
③ 盛色：谓言辞、神色严厉。
④ 假：宽容。
⑤ 属意：犹措意、留意。
⑥ 素餐：白吃饭。
⑦ 伟仕：指高官。
⑧ 箴石：石做的针。古代医病的一种用具。
⑨ 不入：不采纳。
⑩ 失指：由于忠言逆耳，对方不愿听，这样就达不到劝谏目的。指，同"旨"。

胡建所以不得其死，而吴得几不免于患也。语曰：'五盗执一良人，枉木恶直绳。'今欲下箴石，通关①鬲②，则恐有盛、胡之累，怀箴橐艾③，则被不工之名。'狼跋其胡，载疐其尾。'④君子之路，行止之道固狭耳。此子石所以叹息也。"

---

① 关：关节。

② 鬲：通"膈"，胸腔与腹腔之间的膜状肌肉。

③ 怀箴橐艾：将医药收藏起来。

④ 狼跋其胡，载疐（jié）其尾：语见于《诗经·豳风·狼跋》。胡，颈下垂肉。疐，绊倒。

除狭第三十二

大夫曰："贤者处大林①，遭风雷而不迷。愚者虽处平敞大路，犹暗惑焉。今守、相亲剖符②赞拜，莅③一郡之众，古方伯之位也。受命专制，宰割④千里，不御于内；善恶在于己，己不能故耳，道何狭之有哉？"

贤良曰："古之进士也，乡择而里选，论其才能，然后官之，胜职任然后爵而禄之。故士修之乡曲，升诸朝廷，行之幽隐⑤，明足⑥显著。疏远无失士，小大无遗功。是以贤者进用，不肖者简黜⑦。今吏道杂而不选，富者以财贾官，勇者以死射功。戏车鼎跃，咸出补吏⑧，累功积日，或至卿相。垂青绳⑨，

① 大林：大麓，大山深林。
② 剖符：古代帝王分封诸侯功臣、任命将帅郡守，把符节剖分为二，双方各执其一，作为信守的约证，称为"剖符"。
③ 莅（lì）：到，临。
④ 宰割：分割支配。
⑤ 幽隐：隐蔽之处，此处指偏远地区。
⑥ 明足：出仕，做官。
⑦ 简黜：废黜。
⑧ 补吏：充当官吏。
⑨ 青绳：系官印的青色绶带。

摆①银龟，擅杀生之柄，专万民之命。弱者，犹使羊将狼②也，其乱必矣。强者，则是予狂夫利剑也，必妄杀生也。是以往者，郡国黎民相乘而不能理，或至锯颈③杀不辜而不能正。执纲纪非其道，盖博乱④愈甚。古者，封贤禄能，不过百里；百里之中而为都，疆垂不过五十，犹以为一人之身，明不能照，聪不得达，故立卿、大夫、士以佐之，而政治⑤乃备。今守、相或无古诸侯之贤，而茊千里之政，主一郡之众，施圣主之德，擅生杀之法，至重也。非仁人不能任，非其人不能行。一人之身，治乱在己，千里与之转化⑥，不可不熟择也。故人主有私人以财，不私人以官，悬赏以待功，序爵⑦以俟贤，举善若不足，黜恶若仇雠，固为其非功而残百姓也。夫辅主德，开臣途，在于选贤而器使之，择练守、相然后任之。"

疾贪第三十三

　　大夫曰："然。为医以①拙矣，又多求谢②。为吏既多不良矣，又侵渔③百姓。长吏厉诸小吏，小吏厉诸百姓。故不患择之不熟④，而患求之与得⑤异也；不患其不足⑥也，患其贪而无厌也。"

　　贤良曰："古之制爵禄也，卿大夫足以润贤⑦厚士，士足以优身及党，庶人为官者，足以代其耕而食其禄。今小吏禄薄，郡国繇役，远至三辅，粟米贵，不足相赡。常居⑧则匮于衣食，有故则卖畜粥业。非徒是也，繇使相遣，官庭⑨摄追⑩，小计⑪权吏，行施⑫乞贷，长吏侵渔，上府下求之县，县求之乡，乡安取之哉？语曰：'货赂下流，犹水之赴下，不竭不止。'今大川江

———————————

① 以：通"已"，已经。

② 谢：酬谢，酬金。

③ 侵渔：侵夺公众的财物。

④ 熟：慎重。

⑤ 得：实际录用的官员。

⑥ 不足：指选拔人才数量不够。

⑦ 润贤：资助贤才。

⑧ 常居：日常家居生活。

⑨ 官庭：地方官府。

⑩ 摄追：追索。

⑪ 小计：指郡国的上计吏。

⑫ 行施：要求民众布施。

河饮①巨海，巨海受之，而欲溪谷之让②流潦；百官之廉，不可得也。夫欲影正者端其表，欲下廉者先之身③。故贪鄙在率不在下，教训在政不在民也。"

大夫曰："贤不肖有质，而贪鄙有性④，君子内洁己而不能纯教⑤于彼。故周公非不正管、蔡之邪，子产非不正邓皙之伪也。夫内不从父兄之教，外不畏刑法之罪，周公、子产不能化，必也。今一一则责之有司，有司岂能缚其手足而使之无为非⑥哉？"

贤良曰："骀马不驯，御者之过也。百姓不治，有司之罪也。《春秋》刺讥不及庶人，责其率也。故古者大夫将临刑⑦，声色不御，刑以当⑧矣，犹三巡⑨而嗟叹之。其耻不能以化而伤其不全也。政教暗而不著，百姓颠蹶⑩而不扶，犹赤子⑪临井焉，听其入也。若此，则何以为民父母？故君子急于教，缓于刑。刑一而正百，杀一而慎万。是以周公诛管、蔡，而子产诛邓皙也。刑诛一施，民遵礼义矣。夫上之化下，若风之靡草，无不从教。何一一而缚之也？"

---

① 饮：喝，此处意为"流向"。

② 让：拒绝。

③ 先之身：首先自身作表率。

④ 性：天性。

⑤ 纯教：纯洁教育。

⑥ 无为非：不要为非作歹。

⑦ 临刑：监督执行死刑。

⑧ 以当：指已经被执行死刑。

⑨ 三巡：多次。

⑩ 颠蹶：跌倒，倾覆。

⑪ 赤子：初生的婴儿。

后刑第三十四

大夫曰："古之君子，善善①而恶恶②。人君不畜恶民，农夫不畜无用之苗。无用之苗，苗之害也；无用之民，民之贼也。鉏一害而众苗成，刑③一恶而万民悦。虽周公、孔子不能释刑而用恶。家之有姐子④，器皿不居，况姐民⑤乎！民者敖于爱而听刑。故刑所以正民，鉏所以别苗也。"

贤良曰："古者，笃教以导民，明辟⑥以正刑。刑之于治，犹策⑦之于御也。良工不能无策而御、有策而勿用。圣人假法⑧以成教，教成而刑不施。故威厉而不杀，刑设而不犯。今废其纪纲而不能张，坏其礼义而不能防。民陷于罔⑨，从而猎⑩之以

---

① 善善：赞扬好人好事。
② 恶恶：厌恶恶人。
③ 刑：杀。
④ 姐子：娇子。
⑤ 姐民：娇民。
⑥ 明辟：明法。辟，法。
⑦ 策：鞭子。
⑧ 假法：借助刑罚。
⑨ 罔：指法网。
⑩ 猎：猎杀。

刑，是犹开其阑牢①，发以毒矢②也，不尽不止。曾子曰：'上失其道，民散久矣。如得其情，即哀矜而勿喜。'夫不伤民之不治，而伐己之能得奸，犹弋者睹鸟兽挂罻罗③而喜也。今天下之被诛者，不必有管、蔡之邪，邓晳之伪，恐苗尽而不别④，民欺而不治也。孔子曰：'人而不仁，疾之已甚，乱也。'故民乱反之政，政乱反之身，身正而天下定。是以君子嘉善而矜不能⑤，恩及刑人，德润穷夫，施惠悦尔，行刑不乐也。"

---

① 阑牢：养牲畜的栏圈。

② 矢：箭。

③ 罻（wèi）罗：捕鸟的网。

④ 别：区别。

⑤ 矜不能：同情无能的人。

授时第三十五

大夫曰："共其地，居是世也，非有灾害疾疫，独以贫穷，非惰则奢也；无奇业①旁入，而犹以富给，非俭则力也。今日施惠悦尔，行刑不乐；则是闵无行之人，而养惰奢之民也。故妄予②不为惠，惠恶者不为仁。"

贤良曰："三代之盛无乱萌，教也；夏、商之季世③无顺民，俗也。是以王者设庠序，明教化，以防道④其民，及政教之洽，性仁而喻善。故礼义立，则耕者让于野；礼义坏，则君子争于朝。人争则乱，乱则天下不均，故或贫或富。富则仁生，赡则争止。昏暮叩人门户，求水火，贪夫不悋⑤，何则？所饶也。夫为政而使菽粟如水火，民安有不仁者乎！"

大夫曰："博戏⑥驰逐之徒，皆富人子弟，非不足者也。故民饶则僭侈，富则骄奢，坐而委蛇⑦，起而为非，未见其仁也。

①　奇业：指农工商以外的其他产业。

②　妄予：胡乱赐予。

③　季世：末世。

④　防道：预防疏导。

⑤　悋（lìn）：同"吝"，贪鄙，吝啬。

⑥　博戏：古代的一种棋戏。

⑦　委蛇（yí）：庄重而又从容自得貌。

夫居事不力，用财不节，虽有财如水火，穷乏可立而待也。有民不畜，有司虽助之耕织，其能足之乎？"

贤良曰："周公之相成王也，百姓饶乐，国无穷人，非代之耕织也。易①其田畴，薄其税敛，则民富矣。上以奉君亲，下无饥寒之忧，则教可成也。《语》曰：'既富矣，又何加焉？曰，教之。'教之以德，齐之以礼，则民徙义②而从善，莫不入孝出悌，夫何奢侈暴慢之有？管子曰：'仓廪实而知礼节，百姓足而知荣辱。'故富民易与适礼③。"

大夫曰："县官之于百姓，若慈父之于子也：忠焉能勿诲乎？爱之而④勿劳乎？故春亲耕⑤以劝农，赈贷⑥以赡不足，通潴水⑦，出轻系，使民务时也。蒙恩被泽，而至今犹以贫困，其难与适道若是夫！"

贤良曰："古者，春省耕⑧以补不足，秋省敛⑨以助不给。民勤于财则贡赋省，民勤于力则功筑⑩罕。为民爱力，不夺须臾。故召伯听断于甘棠之下，为妨农业之务也。今时雨澍泽⑪，

---

① 易：修治。
② 徙义：向正义迁移。
③ 适礼：向往礼义。
④ 而：通"能"，能够。
⑤ 亲耕：古代天子于每年正月举行一次亲自扶犁耕田的仪式，以示劝农。
⑥ 赈贷：赈济借贷。
⑦ 潴（chù）水：积水。
⑧ 省耕：省视春耕情况。
⑨ 省敛：省视秋收状况。
⑩ 功筑：指土木工程。
⑪ 澍（shù）泽：雨水滋润万物。澍，时雨。

种悬而不得播，秋稼零落乎野而不得收。田畴赤地①，而停落②成市，发春而后，悬青幡③而策土牛④，殆非明主劝耕稼之意，而春令之所谓也。"

① 赤地：寸草不生或荒无人烟的土地。

② 停落：亭落，驿亭村落。停，通"亭"。

③ 悬青幡（fān）：悬挂青色的旗幡。幡，旗幡。

④ 策土牛：鞭打泥土雕塑的牛。

水旱第三十六

大夫曰:"禹、汤圣主,后稷、伊尹贤相也,而有水旱之灾。水旱,天之所为,饥穰①,阴阳之运也,非人力。故太岁之数②,在阳为旱,在阴为水。六岁一饥,十二岁一荒。天道然,殆非独有司之罪也。"

贤良曰:"古者,政有德,则阴阳调,星辰理③,风雨时。故行修于内,声闻于外,为善于下,福应于天。周公载纪④而天下太平,国无夭伤,岁无荒年。当此之时,雨不破块,风不鸣条,旬而一雨,雨必以夜。无丘陵高下皆熟。《诗》曰:'有渰⑤萋萋⑥,兴雨祁祁⑦。'今不省其所以然,而曰'阴阳之运

① 穰:丰收。
② 太岁之数:太岁当年运行所至的区域。太岁,是古人虚构的一颗星,将它运行一周的轨道分为十二个区域(星纪、玄枵、诹訾、降娄、大梁、实沈、鹑首、鹑火、鹑尾、寿星、大火、析木),与十二地支(子、丑、寅、卯、辰、巳、午、未、申、酉、戌、亥)相配,以此纪年。
③ 星辰理:星辰按照既定轨道运行。
④ 载纪:行己,从自身做起,率先垂范。纪,通"己"。一说,载纪,开始治理。
⑤ 渰(yǎn):云兴起貌。
⑥ 萋萋:云起貌。
⑦ 祁祁:舒迟貌。

也’，非所闻也。《孟子》曰：‘野有饿莩①，不知收也；狗彘食人食，不知检也；为民父母，民饥而死，则曰，非我也，岁也，何异乎以刃杀之，则曰，非我也，兵也？’方今之务，在除饥寒之患，罢盐铁，退权利，分土地，趣②本业，养桑麻，尽地力也。寡功节用，则民自富。如是，则水旱不能忧，凶年不能累也。”

大夫曰："议者贵其辞约而指明③，可于众人之听，不至繁文稠④辞，多言害有司化俗之计，而家人语⑤。陶朱为生，本末异径，一家数事，而治生之道乃备。今县官铸农器，使民务本，不营于末，则无饥寒之累。盐铁何害而罢？"

贤良曰："农，天下之大业也，铁器，民之大用也。器用便利，则用力少而得作多，农夫乐事劝功。用不具，则田畴荒，谷不殖⑥，用力鲜，功自半。器便与不便，其功相什而倍⑦也。县官鼓铸铁器，大抵多为大器，务应员程⑧，不给民用。民用钝弊，割草不痛，是以农夫作剧，得获者少，百姓苦之矣。"

大夫曰："卒徒工匠，以县官日作公事，财用饶，器用备。

① 饿莩（piǎo）：饿死的人。
② 趣：通"促"，促进。
③ 指明：宗旨明确。指，同"旨"。
④ 稠：多。
⑤ 家人语：家常话。
⑥ 殖：繁殖。
⑦ 相什而倍：相差十倍。
⑧ 员程：规定的数量、期限。

家人合会①，褊②于日而勤于用，铁力不销炼，坚柔不和③。故有司请总盐铁，一其用，平其贾，以便百姓公私。虽虞、夏之为治，不易于此。吏明其教，工致其事，则刚柔和，器用便。此则百姓何苦？而农夫何疾？"

贤良曰："卒徒工匠！故民得占租④鼓铸、煮盐之时，盐与五谷同贾，器和利而中用。今县官作铁器，多苦恶，用费不省，卒徒烦而力作不尽。家人相一，父子戮力⑤，各务为善器，器不善者不集。农事急，挽运衍之阡陌之间。民相与市买，得以财货五谷新币⑥易货；或时贳⑦民，不弃作业。置田器，各得所欲。更繇省约，县官以徒复作⑧缮治道桥，诸发民便之。今总其原，一其贾，器多坚硟，善恶无所择。吏数不在，器难得。家人不能多储，多储则镇生⑨。弃膏腴之日⑩，远市田器，则后良时。盐铁贾贵，百姓不便。贫民或木耕手耨⑪，土櫌⑫淡食。

① 合会：合作铸铁。

② 褊（biǎn）：衣服狭小，此处引申为短促。

③ 不和：不均匀。

④ 占租：自报应纳的租税。

⑤ 戮力：合力。

⑥ 财货五谷新币：财货是总言，货指五谷，财指新币。

⑦ 贳（shì）：赊欠。

⑧ 复作：汉刑律名。犯者不服刑具，刑期一年。亦指按其刑服劳役的妇女。

⑨ 镇生：镇，疑为"鉎"，生锈。

⑩ 弃膏腴之日：耽误了务农大好时节。

⑪ 手：用手除草。

⑫ 櫌（yōu）：同"耰"，平土的农具。

铁官卖器不售或颇赋与民。卒徒作不中呈[1]，时命助之。发征无限，更繇以均剧，故百姓疾苦之。古者，千室之邑，百乘之家，陶冶工商，四民[2]之求，足以相更。故农民不离畦亩，而足乎田器，工人不斩伐而足乎材木，陶冶不耕田而足乎粟米，百姓各得其便，而上无事焉。是以王者务本不作末，去炫耀，除雕琢，湛[3]民以礼，示民以朴，是以百姓务本而不营于末。"

---

① 呈：通"程"，程序。

② 四民：士、农、工、商。

③ 湛：通"沉"，浸润。

卷七

崇礼第三十七

　　大夫曰："饰几杖①，修樽俎，为宾，非为主也。炫耀奇怪②，所以陈四夷，非为民也。夫家人有客，尚有倡优③奇变之乐，而况县官乎？故列羽旄④，陈戎马，所以示威武；奇虫珍怪，所以示怀广远、明盛德，远国莫不至也。"

　　贤良曰："王者崇礼施德，上仁义而贱怪力⑤，故圣人绝而不言。孔子曰：'言忠信，行笃敬，虽蛮、貊之邦，不可弃也。'今万方绝国⑥之君奉贽⑦献者，怀天子之盛德，而欲观中国之礼仪，故设明堂⑧、辟雍⑨以示之，扬干戚⑩、昭《雅》

---

① 几杖：几，几案，摆在座前的小桌，用于凭靠。杖，拐杖，手杖。为老人预备几杖，是中国古代优待老人的重要礼仪。《礼记·曲礼上》："大夫七十而致事，若不得谢，则必赐之几杖。"

② 奇怪：奇珍异宝。

③ 倡优：古代以乐舞、戏谑为业的艺人。

④ 羽旄：古时军旗的一种。以雉羽、旄牛尾装饰旗杆，故名。

⑤ 贱怪力：轻视怪异和暴力。

⑥ 绝国：极其辽远之邦国。

⑦ 贽：初次见人时所送的礼物，以表敬意。

⑧ 明堂：古代天子宣明政教的地方。凡朝会及祭祀、庆赏、选士、养老、教学等大典，均于其中举行。

⑨ 辟雍：古代天子所设大学。

⑩ 干戚：盾和斧，扬干戚为武舞。

《颂》以风之。今乃以玩好不用之器，奇虫不畜之兽，角抵①诸戏，炫耀之物陈夸之，殆与周公之待远方殊。昔周公处谦以卑士，执礼以治天下，辞越裳之贽，见恭让之礼也；既②，与入文王之庙，是见大孝之礼也。目睹威仪干戚之容，耳听清歌《雅》《颂》之声，心充至德，欣然以归，此四夷所以慕义内附，非重译狄鞮③来观猛兽熊罴也。夫犀象兕④虎，南夷之所多也；骡驴馲驼，北狄之常畜也。中国所鲜，外国贱之，南越以孔雀珥⑤门户，昆山之旁，以玉璞抵乌鹊。今贵人之所贱，珍人之所饶，非所以厚中国，明盛德也。隋、和，世之名宝也，而不能安危存亡。故喻德示威，惟贤臣良相，不在犬马珍怪。是以圣王以贤为宝，不以珠玉为宝。昔晏子修之樽俎之间，而折冲乎千里；不能者，虽隋、和满箧，无益于存亡。"

大夫曰："晏子相齐三君⑥，崔、庆无道，劫其君，乱其国，灵公国围；庄公弑死；景公之时，晋人来攻，取垂都⑦，举临菑⑧，边邑削，城郭焚，宫室壖，宝器尽，何冲之所能折乎？由此观之：贤良所言，贤人为宝，则损益无轻重也。"

贤良曰："管仲去鲁入齐，齐霸鲁削，非持其众而归齐也。

---

① 角抵：秦汉时对某种相抵较量力气的运动的称呼。

② 既：指见面礼完毕。

③ 狄鞮：西方少数民族对翻译官的称呼。

④ 兕（sì）：犀牛。

⑤ 珥：插，一般指插在帽上。

⑥ 晏子相齐三君：晏婴先后辅佐齐国灵公、庄公、景公三位君主。

⑦ 垂都：边陲的都市。

⑧ 临菑：亦作"临甾""临淄"，齐国国都。

伍子胥挟弓干阖闾，破楚入郢，非负其兵而适吴也。故贤者所在国重，所去国轻。楚有子玉得臣，文公侧席；虞有宫之奇，晋献不寐。夫贤臣所在，辟除①开塞者亦远矣。故《春秋》曰'山有虎豹，葵藿②为之不采；国有贤士，边境为之不害'也。"

① 辟除：扫除（障碍）。
② 葵藿：指两种野菜。

备胡第三十八

大夫曰："鄙语①曰：'贤者容不辱。'以世俗言之，乡曲有桀，人尚辟②之。今明天子在上，匈奴公③为寇，侵扰边境，是仁义犯而藜藿采。昔狄人侵太王④，匡人畏孔子，故不仁者，仁之贼也。是以县官厉武⑤以讨不义，设机械以备不仁。"

贤良曰："匈奴处沙漠之中，生不食之地，天所贱而弃之，无坛宇之居，男女之别，以广野⑥为闾里，以穹庐⑦为家室，衣皮⑧蒙毛⑨，食肉饮血，会市行，牧竖⑩居，如中国之麋鹿耳。好事之臣，求其义，责之礼，使中国干戈至今未息，万里设备，此

---

① 鄙语：俗语。
② 辟：通"避"，让开，躲开。
③ 公：公然。
④ 太王：古公亶父，古代周族领袖。传为后稷第十二代孙。周文王祖父。为戎、狄族所逼，由豳（今陕西旬邑西南）迁至岐山下的周原（今陕西岐山北），建筑城邑房屋，设立官吏，改革戎狄风俗，开垦荒地，发展农业。
⑤ 厉武：振奋武备。
⑥ 广野：空旷的原野。
⑦ 穹庐：游牧民族居住的毡帐。
⑧ 衣皮：以兽皮为衣。
⑨ 蒙毛：指身穿兽毛向外的衣服。
⑩ 牧竖：牧童。

《兔罝》①之所刺，故小人非公侯腹心干城也。"

大夫曰："天子者，天下之父母也。四方之众，其义莫不愿为臣妾；然犹修城郭，设关梁，厉武士，备卫于宫室，所以远折难②而备万方者也。今匈奴未臣，虽无事，欲释备，如之何？"

贤良曰："吴王所以见禽于越者，以其越近而陵远也。秦所以亡者，以外备胡、越而内亡其政也。夫用军于外，政败于内，备为所患③，增主所忧。故人主得其道，则遐迩④偕行而归之，文王是也；不得其道，则臣妾为寇，秦王是也。夫文衰则武胜，德盛则备寡。"

大夫曰："往者，四夷俱强，并为寇虐：朝鲜逾徼⑤，劫燕之东地；东越越东海，略⑥浙江之南；南越内侵，滑⑦服令⑧；

———————————

① 《兔罝》：《诗经·周南》篇名。
② 远折难：远离挫折和灾难。
③ 备为所患：对外防备是为了对付所忧患的强敌。
④ 遐迩：远近。
⑤ 逾徼（jiào）：越过边境。
⑥ 略：侵夺，强取。
⑦ 滑：通"猾"，扰乱。
⑧ 服令：地名，指岭南地区。

氏、僰、冉、駹、嶲唐①、昆明之属，扰陇西、巴、蜀。今三垂已平，唯北边未定。夫一举则匈奴震惧，中外释备，而何寡也？"

贤良曰："古者，君子立仁修义，以绥②其民，故迩者习善，远者顺之。是以孔子仕于鲁，前仕三月及齐平③，后仕三月及郑平，务以德安近而绥远。当此之时，鲁无敌国之难，邻境之患。强臣变节④而忠顺，故季桓隳其都城。大国畏义而合好，齐人来归郓、讙、龟阴之田。故为政而以德，非独辟害折冲也，所欲不求而自得。今百姓所以嚣嚣，中外不宁者，咎在匈奴。内无室宇之守，外无田畴之积，随美草甘水而驱牧，匈奴不变业⑤，而中国以骚动矣。风合而云解，就之则亡，击之则散，未可一世⑥而举也。"

大夫曰："古者，明王讨暴卫弱，定倾扶危。卫弱扶危，则

① 氏、僰（bó）、冉、駹（máng）、嶲（xī）唐：氏，古族名。殷周至南北朝分布在今陕西、甘肃、四川等省交界处。从事畜牧业和农业。汉魏后，长期与汉人杂居，大量吸收汉文化。两晋十六国间，曾建立仇池、前秦、后凉等政权。至隋多渐融合于汉族。僰，亦称"僰人"，古族名。曾建有僰侯国（"僰国"）。冉，古代少数民族，居住在今四川境内。駹，古代少数民族，居住在今四川境内。嶲唐，古县名。西汉元封二年（前109）置。治今云南云龙西南。南朝宋废。东汉永平十年（67），置益州西部都尉治此。
② 绥：安抚。
③ 平：和好。
④ 变节：改变节操，指三家向公室屈服。
⑤ 变业：改变赖以生存的畜牧产业。
⑥ 一世：三十年。《论衡·宣汉》："且孔子所谓一世，三十年也。"

小国之君悦；讨暴定倾，则无罪之人附。今不征伐，则暴害不息；不备，则是以黎民委敌①也。《春秋》贬诸侯之后，刺不卒成。行役戍备，自古有之，非独今也。"

贤良曰："匈奴之地广大，而戎马之足轻利，其势易骚动也。利则虎曳②，病③则鸟折，辟锋锐而取罢极；少发则不足以更适④，多发则民不堪其役。役烦则力罢，用多则财乏。二者不息，则民遗怨。此秦之所以失民心、陨社稷也。古者，天子封畿⑤千里，籲役五百里，胜声相闻，疾病相恤。无过时之师，无逾时之役。内节于民心，而事适其力。是以行者劝务，而止者⑥安业。今山东之戎马甲士戍边郡者，绝殊辽远，身在胡、越，心怀老母。老母垂泣，室妇悲恨，推其饥渴，念其寒苦。《诗》云：'昔我往矣，杨柳依依⑦。今我来思，雨雪霏霏⑧。行道迟迟⑨，载渴载饥。我心伤悲，莫之我哀。'故圣人怜其如此，闵其久去父母妻子，暴露中野，居寒苦之地，故春使使者劳赐，举失职者，所以哀远民而慰抚老母也。德惠甚厚，而吏未称⑩奉

---

① 委敌：丢给敌人。

② 虎曳（yè）：老虎撕拉猎物。

③ 病：不利。

④ 更适：轮流更换执行任务。

⑤ 封畿（jī）：古指王都周围地区。

⑥ 止者：征人留在家中的家属。

⑦ 依依：轻柔貌。

⑧ 霏霏：形容雨雪之密。

⑨ 迟迟：徐行貌。

⑩ 未称：不称职。

职承诏以存恤，或侵侮士卒，兴之为市，并力兼作①，使之不以理。故士卒失职，而老母妻子感恨也。宋伯姬愁思而宋国火，鲁妾不得意而鲁寝灾。今天下不得其意者，非独西宫之女、宋之老母也。《春秋》动众②则书，重民也。宋人围长葛，讥久役也。君子之用心必若是。"

大夫默然不对。

---

① 兼作：一人同时兼负数人责任。

② 动众：动用民众从事徭役。

执务第三十九

丞相曰："先王之道，轶①久而难复，贤良、文学之言，深远而难行。夫称上圣②之高行，道至德之美言，非当世之所能及也。愿闻方今之急务，可复行于政：使百姓咸足于衣食，无乏困之忧；风雨时，五谷熟，螟螣③不生；天下安乐，盗贼不起；流人还归，各反其田里；吏皆廉正，敬以奉职，元元各得其理也。"

贤良曰："孟子曰：'尧、舜之道，非远人也，而人不思之耳。'《诗》云：'求之不得，寤寐④思服。'有求如《关雎》，好德如《河广》，何不济⑤不得之有？故高山仰止，景行⑥行止，虽不能及，离道不远也。颜渊曰：'舜独何人也，回何人也？'夫思贤慕能，从善不休，则成、康之俗可致，而唐、虞之道可及。公卿未思也，先王之道，何远之有？齐桓公以诸侯思

---

① 轶：通"佚"，散失。
② 上圣：犹前圣。指前代的帝王与圣贤。
③ 螟螣（tè）：两种食苗的害虫。
④ 寐：睡时。
⑤ 不济：指不能成功渡河。
⑥ 景行：崇高的德行。

王政，忧周室，匡诸夏之难，平夷、狄之乱，存亡接绝①，信义大行，著于天下。邵陵之会，予之为主。《传》曰：'予积也。'故土积而成山阜，水积而成江海，行积而成君子。孔子曰：'吾于《河广》，知德之至也。'而欲得之，各反其本，复诸古而已。古者，行役不逾时，春行秋反，秋行春来，寒暑未变，衣服不易，固已还矣。夫妇不失时，人安和如适。狱讼平，刑罚得，则阴阳调，风雨时。上不苛扰，下不烦劳，各修其业，安其性，则螟螣不生，而水旱不起。赋敛省而农不失时，则百姓足，而流人归其田里。上清静而不欲，则下廉而不贪。若今则繇役极远，尽寒苦之地，危难之处，涉胡、越之域，今兹②往而来岁旋，父母延颈而西望，男女怨旷而相思，身在东楚，志在西河，故一人行而乡曲恨，一人死而万人悲。《诗》云：'王事靡盬③，不能艺稷黍，父母何怙④？''念彼恭人，涕零如雨。岂不怀归？畏此罪罟⑤。'吏不奉法以存抚，倍公任私，各以其权充其嗜欲，人愁苦而怨思，上不恤理⑥，则恶政行而邪气作；邪气作，则虫螟生而水旱起。若此，虽祷祀雩⑦祝，用事百神无时，岂能调阴阳而息盗贼矣？"

---

① 接绝：继绝世。

② 今兹：今年。

③ 靡盬（gǔ）：谓无止息。指辛勤于王事。

④ 怙（hù）：依靠，凭恃。

⑤ 罪罟（gǔ）：法网。

⑥ 恤理：谓怜悯而治理之。

⑦ 雩（yú）：古代为求雨而举行的祭祀。

能言第四十

大夫曰："盲者口能言白黑，而无目以别之。儒者口能言治乱，而无能以行之。夫坐言不行，则牧童兼乌获①之力，蓬头苞②尧、舜之德。故使言而近，则儒者何患于治乱，而盲人何患于白黑哉？言之不出，耻躬之不逮③。故卑而言高，能言而不能行者，君子耻之矣。"

贤良曰："能言而不能行者，国之宝也。能行而不能言者，国之用也。兼此二者，君子也。无一者，牧童、蓬头也。言满天下，德覆四海，周公是也。口言之，躬行之，岂若默然载施其行而已。则执事亦何患何耻之有？今道不举而务小利，慕于不急以乱群意，君子虽贫，勿为可也。药酒，病之利也；正言，治之药也。公卿诚能自强④自忍，食⑤文学之至言，去权诡⑥，罢利官，一归之于民，亲以周公之道，则天下治而颂声作。儒者安得治乱而患之乎？"

---

① 乌获：战国时秦国力士。传说能举千钧之重，与力士任鄙、孟说同为秦武王宠用，位至大官。寿至八十以上。后用来泛指力士。

② 苞：通"包"，包含。

③ 逮：及，到。

④ 强：勉强，引申为克制。

⑤ 食：食用，引申为接纳。

⑥ 权诡：权诈诡辩。

取下第四十一

大夫曰："不轨之民，困桡①公利，而欲擅山泽。从文学、贤良之意，则利归于下，而县官无可为者。上之所行则非之，上之所言则讥之，专欲损上徇②下，亏主而适臣，尚安得上下之义，君臣之礼？而何颂声能作也？"

贤良曰："古者，上取有量，自养有度，乐岁不盗，年饥则肆③，用民之力，不过岁三日，籍敛④，不过十一。君笃爱，臣尽力，上下交让，天下平。'浚⑤发尔私'，上让下也。'遂及我私'，先公职也。《孟子》曰：'未有仁而遗其亲，义而后其君也。'君君臣臣，何为其无礼义乎？及周之末涂，德惠塞而嗜欲众，君奢侈而上求多，民困于下，怠于上公，是以有履亩

---

① 困桡：扰乱，侵害。
② 徇：谋求。
③ 肆：延缓征税。
④ 籍敛：征收田税。
⑤ 浚：大。

之税①，《硕鼠》②之诗作也。卫灵公当隆冬兴众穿池③，海春谏曰：'天寒，百姓冻馁，愿公之罢役也。'公曰：'天寒哉？我何不寒哉？'人之言曰：'安者不能恤危，饱者不能食饥。'故余梁肉者难为言隐约④，处佚乐者难为言勤苦。

　　"夫高堂邃宇、广厦洞房者，不知专屋狭庐、上漏下湿者之瘠①也。系马百驷、货财充内、储陈纳新者，不知有旦无暮、称贷者之急也。广第唐园、良田连比⑥者，不知无运踵⑦之业、窜头宅者之役也。原马被山⑧，牛羊满谷者，不知无孤豚瘠犊者之窭⑨也。高枕谈卧、无叫号者，不知忧私责与吏正戚者之愁也。被纵蹑韦⑩、搏粱⑪啮肥⑫者，不知短褐之寒、糠粃⑬之苦也。从容房闱之间、垂拱持案食者，不知蹠⑭耒躬耕者之勤也。

①　履亩之税：按土地面积征收赋税。
②　《硕鼠》：《诗经·魏风》篇名。《诗序》："《硕鼠》，刺重敛也。国人刺其君重敛，蚕食于民，不修其政，贪而畏人，若大鼠也。"《鲁诗》和《齐诗》说此诗是反对"履亩税"（指向私田征税，承认私田的合法性）、维护井田制的作品。
③　穿池：开凿水池。
④　隐约：穷困。
①　瘠（cǎn）：惨痛。
⑥　连比：连片。
⑦　运踵：旋踵。
⑧　原马被山：马匹满山。
⑨　窭（jù）：贫寒。
⑩　蹑韦：脚穿用熟牛皮制作的鞋。
⑪　搏粱：用手抓高粱米饭。
⑫　啮肥：咬肥肉。
⑬　糠粃：糠皮。
⑭　蹠（zhí）：通"摭"，拾，操。

乘坚驱良、列骑成行者，不知负檐步行者之劳也。匡床旃席^①、侍御满侧者，不知负辂挽船、登高绝流^②者之难也。衣轻暖、被美裘、处温室、载安车者，不知乘边城^③、飘胡、代^④、乡清风者之危寒也。妻子好合、子孙保之者，不知老母之憔悴、匹妇之悲恨也。耳听五音、目视弄优者，不知蒙流矢、距敌方外者之死也。东向伏几、振笔如调文者，不知木索^⑤之急、棰楚者之痛也。坐旃茵之上，安图籍之言若易然，亦不知步涉^⑥者之难也。昔商鞅之任秦也，刑人若刈^⑦菅茅^⑧，用师若弹丸；从军者暴骨长城，戍漕者辇车相望，生而往，死而旋，彼独非人子耶？故君子仁以恕^⑨，义以度，所好恶与天下共之，所不施不仁者。公刘好货，居者有积，行者有囊。大王^⑩好色，内无怨女，外无旷夫。文王作刑，国无怨狱。武王行师，士乐为之死，民乐为之用。若斯，则民何苦而怨，何求而讥？"

公卿愀然^⑪，寂若无人。于是遂罢议止词。

---

① 旃席：毛毡。

② 绝流：直渡河流。

③ 乘边城：登上边塞城垣。

④ 胡、代：泛指北方。

⑤ 木索：刑具。木指"三木"，即加在犯人颈、手、足上的三件刑具。索即绳索，用以拘系犯人。

⑥ 步涉：跋涉。

⑦ 刈（yì）：割。

⑧ 菅（jiān）茅：一种多年生草本植物。

⑨ 恕：儒家的伦理范畴，谓推己及人，以仁爱之心待人。

⑩ 大王：即"太王"古公亶父。

⑪ 愀（qiǎo）然：忧戚变色貌。

奏曰："贤良、文学不明县官事，猥①以盐铁为不便。请且罢郡国榷沽②、关内铁官。"

奏："可。"

---

① 猥：随便，苟且。
② 榷沽：汉以后历代政府所实行的酒专卖制度。

击之第四十二

贤良、文学既拜，咸取列大夫，辞丞相、御史。

大夫曰："前议公事，贤良、文学称引往古，颇乖世务。论者不必相反①，期于可行。往者，县官未事胡、越之时，边城四面受敌，北边尤被其苦。先帝绝三方之难，抚从方国，以为蕃蔽②，穷极郡国，以讨匈奴。匈奴壤界③兽圈，孤弱无与，此困亡之时也。辽远不遂，使得复喘息，休养士马，负绐西域。西域迫近胡寇，沮心④内解，必为巨患。是以主上欲扫除，烦仓廪之费也。终日逐禽，罢而释之，则非计⑤也。盖舜绍绪，禹成功。今欲以军兴⑥击之，何如？"

文学曰："异时⑦，县官修轻赋，公用饶，人富给。其后，保胡、越，通四夷，费用不足。于是兴利害，算车舡⑧，以訾助

---

① 相反：相互反对。
② 蕃蔽：屏障。蕃，通"藩"。
③ 壤界：接壤交界。
④ 沮心：归附汉朝之心沮坏。
⑤ 非计：不是好主意。
⑥ 军兴：指战时的法令制度。
⑦ 异时：往时，从前。
⑧ 算车舡：征收车船税。

边，赎罪告缗，与人以患矣。甲士死于军旅，中士罢于转漕①，仍之以科适，吏征发极矣。夫劳而息之，极而反本，古之道也，虽舜、禹兴，不能易也。"

大夫曰："昔夏后底洪水之灾，百姓孔②勤，罢于笼臿，及至其后，咸享其功。先帝之时，郡国颇烦于戎事，然亦宽三陲之役。语曰：'见机不遂者陨功。'一日违敌③，累世为患。休劳用供，因弊④乘时。帝王之道，圣贤之所不能失也。功业有绪⑤，恶劳而不卒，犹耕者倦休而困止也。夫事辍者无功，耕怠者无获也。"

文学曰："地广而不德者国危，兵强而凌敌⑥者身亡。虎兕相据，而蝼蚁得志。两敌相抗，而匹夫乘闲⑦。是以圣王见利虑害，见远存近。方今为县官计者，莫若偃兵⑧休士，厚币结和亲，修文德而已。若不恤人之急，不计其难，弊所恃以穷无用之地，亡十获一，非文学之所知也。"

---

① 转漕：陆运和水运。
② 孔：很，甚。
③ 违敌：放过敌人。
④ 因弊：借敌人疲弊。
⑤ 绪：继续。
⑥ 凌敌：侵犯敌人。
⑦ 乘闲：乘机钻空子。
⑧ 偃兵：休兵，停战。

结和第四十三

大夫曰:"汉兴以来,修好结和亲,所聘遗单于者甚厚;然不纪重质①厚赂②之故改节,而暴害滋甚。先帝睹其可以武折,而不可以德怀,故广将帅,招奋击,以诛厥罪;功勋粲然,著于海内,藏于记府③,何命'亡十获一'乎?夫偷安者后危,虑近者忧迩,贤者离俗,智士权行,君子所虑,众庶疑焉。故民可与观成④,不可与图始。此有司所独见,而文学所不睹。"

文学曰:"往者,匈奴结和亲,诸夷纳贡,即君臣外内相信,无胡、越之患。当此之时,上求寡而易赡,民安乐而无事,耕田而食,桑麻而衣,家有数年之稸,县官余货财,闾里耆老,咸及其泽。自是之后,退文任武,苦师劳众,以略无用之地,立郡沙石之间⑤,民不能自守,发屯⑥乘城,挽輂而赡之。愚窃见其亡,不睹其成。"

---

① 重质:庄重的盟约。

② 厚赂:优厚的财物。

③ 记府:收藏文书史册的地方。

④ 观成:看到成功。

⑤ 立郡沙石之间:指汉武帝在边塞沙漠之地设置武威、酒泉、张掖、敦煌、朔方等郡。

⑥ 发屯:屯兵。

大夫曰："匈奴以虚名市于汉，而实不从；数为蛮、貊所绐，不痛之，何故也？高皇帝仗剑定九州；今以九州而不行于匈奴①。闾里常民，尚有枭散②，况万里之主与小国之匈奴乎？夫以天下之力勤何不摧？以天下之士民何不服？今有帝名，而威不信于长城之外，反赂遗③而尚踞敖④，此五帝所不忍，三王所毕怒也。"

文学曰："汤事夏而卒服之，周事殷而卒灭之。故以大御小者王，以强凌弱者亡。圣人不困其众以兼国，良御不困其马以兼道。故造父之御不失和，圣人之治不倍德。秦摄利衔⑤以御宇内，执修棰⑥以笞八极，骖服⑦以罢，而鞭策愈加，故有倾衔遗棰之变。士民非不众，力勤非不多也，皆内倍外附而莫为用。此高皇帝所以仗剑而取天下也。夫两主好合，内外交通⑧，天下安宁，世世无患，士民何事？三王何怒焉？"

大夫曰："伯翳⑨之始封秦，地为七十里。穆公开霸，孝公广业。自卑至上，自小至大。故先祖基之，子孙成之。轩辕战涿鹿，杀两暤、蚩尤而为帝，汤、武伐夏、商，诛桀、纣而

---

① 不行于匈奴：指汉家政令不能推行到匈奴。

② 枭（xiāo）散：古代博戏的两种彩名，以枭为贵，散为贱。

③ 赂遗：赠送财物。

④ 敖：通"傲"，倨慢。

⑤ 衔：马嚼子。

⑥ 修棰：长鞭。

⑦ 骖服：指驾车之马。在两旁的称骖马，在中间驾车辕的称服马。

⑧ 交通：交流。

⑨ 伯翳：亦作"伯益"。古代嬴姓各族的祖先。东夷族领袖。

为王。黄帝以战成功，汤、武以伐成孝。故手足之勤，腹肠之养①也。当世之务，后世之利也。今四夷内侵，不攘，万世必有长患。先帝兴义兵以诛强暴，东灭朝鲜，西定冉、駹，南擒百越，北挫强胡，追匈奴以广北州，汤、武之举，蚩尤之兵也。故圣主斥地②，非私其利，用兵，非徒奋怒③也，所以匡难辟害，以为黎民远虑。"

文学曰："秦南禽劲越，北却强胡，竭中国以役四夷，人罢极而主不恤，国内溃而上不知；是以一夫倡而天下和，兵破陈涉，地夺诸侯，何嗣④之所利？《诗》云：'雍雍鸣鴈⑤，旭日始旦。'登得⑥前利，不念后咎。故吴王知伐齐之便，不知干遂之患。秦知进取之利，而不知鸿门之难。是知一而不知十也。周谨小而得大，秦欲大而亡小。语曰'前车覆，后车戒''殷鉴不远，在夏后之世'矣。"

---

① 手足之勤，腹肠之养：手足的勤劳是为了奉养腹肠。
② 斥地：开拓疆土。
③ 奋怒：发泄愤怒。
④ 嗣（sì）：子孙。
⑤ 鴈（yàn）：同"雁"，大雁。
⑥ 登得：贪得。

诛秦第四十四

　　大夫曰："秦、楚、燕、齐，周之封国也；三晋之君，齐之田氏，诸侯家臣也；内守其国，外伐不义，地广壤进①，故立号②万乘，而为诸侯。宗周修礼长文，然国虿弱③，不能自存，东摄六国，西畏于秦，身以放迁，宗庙绝祀④。赖先帝大惠，绍兴其后，封嘉颍川，号周子男君。秦既并天下，东绝沛水，并灭朝鲜，南取陆梁，北却胡、狄，西略氏、羌，立帝号，朝四夷。舟车所通，足迹所及，靡不毕至。非服其德，畏其威也。力多则人朝，力寡则朝于人矣。"

　　文学曰："禹、舜，尧之佐也，汤、文，夏、商之臣也，其所以从⑤八极而朝海内者，非以陆梁之地、兵革⑥之威也。秦、楚、三晋号万乘，不务积德而务相侵，构兵争强而卒俱亡。虽以进壤广地，如食荝⑦之充肠也，欲其安存，何可得也?.夫礼让为

---

① 壤进：疆域推进。

② 立号：号称。

③ 虿弱：削弱。

④ 宗庙绝祀：在中国古代，宗庙是王朝存在的象征，宗庙断了香火，表示王朝覆灭。

⑤ 从：使动词，使之顺从。

⑥ 兵革：革，用皮革制的甲。兵器、衣甲的总称。

⑦ 荝（cè）：荝子（一种草本植物），侧边生出的块根，可入药。

国者若江、海，流弥久不竭，其本美也。苟为无本，若蒿火暴怒而无继，其亡可立而待，战国是也。周德衰，然后①列于诸侯，至今不绝。秦力尽而灭其族，安得朝人也？"

大夫曰："中国与边境，犹支体与腹心也。夫肌肤寒于外，腹心疾于内，内外之相劳，非相为赐也！唇亡则齿寒，支体伤而心憯怛。故无手足则支体废，无边境则内国害。昔者，戎狄攻太王于邠，逾岐、梁而与秦界于泾、渭，东至晋之陆浑，侵暴中国，中国疾之。今匈奴蚕食内侵，远者不离②其苦，独边境蒙其败。《诗》云：'忧心惨惨，念国之为虐。'不征备，则暴害不息。故先帝兴义兵以征厥罪，遂破祁连、天山，散其聚党，北略至龙城，大围匈奴，单于失魂，仅以身免，乘奔逐北，斩首捕虏十余万。控弦③之民，旃裘之长，莫不沮胆④，挫折远遁，遂乃振旅。浑耶率其众以降，置五属国以距胡，则长城之内，河、山之外，罕被寇灾。于是下诏令，减戍漕，宽繇役。初虽劳苦，卒获其庆。"

文学曰："周累世积德，天下莫不愿以为君，故不劳而王，恩施由近而远，而蛮、貊自至。秦任战胜以并天下，小海内⑤而贪胡、越之地，使蒙恬击胡，取河南以为新秦，而忘其故秦，筑

① 后：后代，后裔。
② 离：通"罹"，遭受。
③ 控弦：开弓。
④ 沮胆：丧胆。
⑤ 小海内：以海内为小。

长城以守胡，而亡其所守①。往者，兵革亟动，师旅数起，长城之北，旋车遗镞②相望。及李广利等轻计——计还马足，莫不寒心；虽得浑耶，不能更所亡。此非社稷之至计也。"

① 所守：指中国土地人民。
② 遗镞：指遗弃或残剩的箭镞。

伐功第四十五

大夫曰："齐桓公越燕伐山戎①，破孤竹②，残令支③。赵武灵王逾句注，过代谷，略灭林胡④、楼烦⑤。燕袭走东胡，辟地千里，度辽东而攻朝鲜。蒙公为秦击走匈奴，若鸷鸟⑥之追群雀。匈奴势慑，不敢南面而望十余年。及其后，蒙公死而诸侯叛秦，中国扰乱，匈奴纷纷，乃敢复为边寇。夫以小国燕、赵，尚犹却寇虏以广地，今以汉国之大，士民之力，非特齐桓之众，燕、赵之师也；然匈奴久未服者，群臣不并力，上下未谐故也。"

文学曰："古之用师，非贪壤土之利，救民之患也。民思

---

① 山戎：亦称"无终"。古族名。春秋时原分布在今山西太原，后迁河北玉田县西北无终山，故名。

② 孤竹：古国名。相传为姜姓，其君墨胎氏。在今河北卢龙东南。存在于商、西周、春秋时。伯夷、叔齐即商末西周初年孤竹君的两子。齐桓公救燕伐山戎，曾攻及孤竹。

③ 令支：古国名。在今河北迁安市西。山戎与国。公元前664年为齐桓公所灭。

④ 林胡：古族名。战国时分布在今山西朔州北至内蒙古自治区内。从事畜牧，精骑射。赵筑长城以为防御。

⑤ 楼烦：古部族名。春秋末，分布于今山西宁武、岢岚等县地。精骑射，从事畜牧。后活动于今陕北及内蒙古南部。

⑥ 鸷鸟：凶猛的鸟。

之，若旱之望雨，箪食壶浆，以逆①王师。故忧人之患者，民一心而归之，汤、武是也。不爱民之死，力尽而溃叛者，秦王是也。《孟子》曰：'君不乡道，不由仁义，而为之强战，虽克必亡。'此中国所以扰乱，非蒙恬死而诸侯叛秦。昔周室之盛也，越裳氏来献，百蛮致贡②。其后周衰，诸侯力征，蛮、貊分散，各有聚党，莫能相一，是以燕、赵能得意焉。其后，匈奴稍强，蚕食诸侯，故破走月氏③，因兵威，徙小国，引弓之民，并为一家，一意同力，故难制也。前君为先帝画匈奴之策：'兵据西域，夺之便势之地，以候其变。以汉之强，攻于匈奴之众，若以强弩溃痈疽④；越之禽吴，岂足道哉！'上以为然。用君之义，听君之计，虽越王之任种、蠡不过。以搜粟都尉为御史大夫，持政十有余年，未见种、蠡之功，而见靡弊之效，匈奴不为加俛⑤，而百姓黎民以敝矣。是君之策不能弱匈奴，而反衰中国也。善为计者，固若此乎？"

---

① 逆：迎，接。

② 致贡：进贡。

③ 月氏（zhī）："氏"一作"支"。古族名。汉文古籍常将大月氏略写作月氏。秦汉之际游牧于敦煌、祁连间。西汉文帝前元三至四年（前177—前176）间，遭匈奴攻击，大部分人西迁至塞种地区（今新疆伊犁河流域）。

④ 痈疽（yōng jū）：一切由风火、湿热、痰凝、血瘀等邪毒所引起的局部化脓性疾病。

⑤ 俛：通"俯"，俯首。

西域第四十六

大夫曰："往者，匈奴据河、山之险，擅田牧之利，民富兵强，行入^①为寇，则句注之内惊动，而上郡以南咸城^②。文帝时，虏入萧关，烽火通甘泉，群臣惧不知所出，乃请屯京师以备胡。胡西役大宛、康居之属，南与群羌通。先帝推让^③斥夺广饶之地，建张掖以西，隔绝羌、胡，瓜分其援。是以西域之国，皆内拒匈奴，断其右臂，曳剑而走，故募人田畜以广用，长城以南，滨塞^④之郡，马牛放纵，蓄积布野，未睹其计之所过。夫以弱越而遂意^⑤强吴，才地^⑥计众非钧也，主思臣谋，其往必矣。"

文学曰："吴、越迫于江、海，三川循环之，处于五湖之间，地相迫，壤相次，其势易以相禽也。金鼓^⑦未闻，旌旗未舒，行军未定，兵以接矣。师无辎重^⑧之费，士无乏绝之劳，

---

① 行入：随机入侵。
② 城：修筑城墙。
③ 推让：驱逐。让，通"攘"。
④ 滨塞：边塞，边远险要的地方。
⑤ 遂意：合乎心愿，如心所欲。
⑥ 才地：估算土地。才，通"裁"。
⑦ 金鼓：古代击鼓进攻，鸣金收兵。
⑧ 辎重：军用器械、粮草、营帐、服装等的统称。

此所谓食于厨仓而战于门郊者也。今匈奴牧于无穷之泽，东西南北，不可穷极，虽轻车利马，不能得也，况负重赢兵以求之乎？其势不相及也。茫茫乎若行九皋①未知所止，皓皓②乎若无网罗而渔江、海，虽及之，三军罢弊，适遗之饵也。故明王知其无所利，以为役不可数行，而权不可久张也，故诏公卿大夫、贤良、文学，所以复枉③兴微④之路。公卿宜思百姓之急，匈奴之害，缘圣主之心，定安平之业。今乃留心于末计，撅本议，不顺上意，未为尽于忠也。"

大夫曰："初，贰师不克宛而还也，议者欲使人主不遂忿⑤，则西域皆瓦解而附于胡，胡得众国而益强。先帝绝奇听，行武威，还袭宛，宛举国以降，效其器物，致其宝马。乌孙之属骇胆，请为臣妾。匈奴失魄，奔走遁逃，虽未尽服，远处寒苦硗埆之地，壮者死于祁连、天山，其孤未复。故群臣议以为匈奴困于汉兵，折翅伤翼，可遂击服。会先帝弃群臣，以故匈奴不革。譬如为山⑥，未成一篑而止，度功业而无继成之理，是弃与胡而资强敌也。辍几沮成，为主计若斯，亦未可谓尽忠也。"

文学曰："有司言外国之事，议者皆徼一时之权，不虑其

---

① 九皋：深泽。

② 皓皓：盛大貌。

③ 复枉：纠正弯曲。

④ 兴微：从微小之处做起。

⑤ 遂忿：泄愤。

⑥ 为山：堆土成山。

后。张骞言大宛之天马汗血，安息①之真玉大鸟②，县官既闻如甘心焉，乃大兴师伐宛，历数期而后克之。夫万里而攻人之国，兵未战而物故过半，虽破宛得宝马，非计也。当此之时，将卒方赤面③而事四夷，师旅相望，郡国并发，黎人困苦，奸伪萌生，盗贼并起，守尉不能禁，城邑不能止。然后遣上大夫衣绣衣以兴击之。当此时，百姓元元，莫必其命，故山东豪杰，颇有异心。赖先帝圣灵斐然④。其咎皆在于欲毕匈奴而远几也。为主计若此，可谓忠乎？"

---

① 安息："帕提亚王国"。西亚古国。帕提亚（Parthia）地处伊朗高原东北部，原为波斯帝国属地。公元前4世纪曾被马其顿亚历山大占领，后属塞琉西王国。前3世纪中期独立，阿萨息斯一世（Arsaces Ⅰ）称王，建阿萨息斯王朝（中国史籍译称"安息"）。
② 大鸟：鸵鸟。
③ 赤面：红脸，形容将士与敌厮杀时血脉偾张的面容。
④ 斐然：声名显著。

世务第四十七

大夫曰："诸生妄言！议者令可详用，无徒守椎车之语[1]，滑稽而不可循。夫汉之有匈奴，譬若木之有蠹，如人有疾，不治则浸以深。故谋臣以为击夺以困极之。诸生言以德怀之，此有其语而不可行也。诸生上无以似三王，下无以似近秦，令有司可举而行当世，安蒸庶[2]而宁边境者乎？"

文学曰："昔齐桓公内附百姓，外绥诸侯，存亡接绝，而天下从风。其后，德亏行衰，葵丘之会，振而矜之，叛者九国。《春秋》刺其不崇德而崇力也。故任德，则强楚告服，远国不召而自至；任力，则近者不亲，小国不附。此其效也。诚上观三王之所以昌，下论秦之所以亡，中述齐桓所以兴，去武行文，废力尚德，罢关梁[3]，除障塞[4]，以仁义导之，则北垂无寇虏之忧，中国无干戈之事矣。"

大夫曰："事不豫辨[5]，不可以应卒。内无备，不可以御敌。《诗》云：'诰尔民人，谨尔侯度，用戒不虞。'故有文事，

---

① 守椎车之语：指过时的、没有用的话。
② 蒸庶：民众，百姓。
③ 罢关梁：撤除关卡，以便于货物流通。
④ 除障塞：除掉屏障要塞。
⑤ 豫辨：事先辨别。豫，通"预"。

必有武备。昔宋襄公信楚而不备，以取大辱焉，身执囚而国几亡。故虽有诚信之心，不知权变，危亡之道也。《春秋》不与夷、狄之执中国，为其无信也。匈奴贪狼，因时而动，乘可而发，飙举①电至。而欲以诚信之心，金帛之宝，而信无义之诈，是犹亲跖、蹻而扶猛虎也。"

文学曰："《春秋》'王者无敌'。言其仁厚，其德美，天下宾服，莫敢交也。德行延及方外，舟车所臻，足迹所及，莫不被泽。蛮、貊异国，重译自至。方此之时，天下和同，君臣一德，外内相信，上下辑睦。兵设而不试，干戈闭藏而不用。《老子》曰：'兕无所用其角''螫②虫无所输其毒'。故君仁莫不仁，君义莫不义。世安得跖、蹻而亲之乎？"

大夫曰："布心腹③，质情素④，信诚内感，义形乎色。宋华元、楚司马子反之相睹也，符契内合⑤，诚有以相信也。今匈奴挟不信之心，怀不测之诈，见利如前，乘便而起，潜进⑥市侧，以袭无备。是犹措重宝于道路而莫之守也。求其不亡，何可得乎？"

---

① 飙举：像狂飙一样行动。
② 螫（shì）：蜂、蝎等刺人。
③ 布心腹：说出内心的话。
④ 情素：真情实意，本心。
⑤ 符契内合：如同契约凭证相合。古代契约凭证一分为二，当事双方各执一半，兑约时以契约相合为据。
⑥ 潜进：偷偷潜藏。

文学曰："诚信著乎天下，醇①德流乎四海，则近者哥讴②而乐之，远者执禽而朝之。故正近③者不以威，来远者不以武，德义修而任贤良也。故民之于事也，辞佚而就劳，于财也，辞多而就寡。上下交让，道路雁行④。方此之时，贱货而贵德，重义而轻利，赏之不窃，何宝之守也！"

① 醇：通"纯"。
② 哥讴：歌颂。哥，通"歌"。
③ 正近：纠正近处民众言行。
④ 雁行：并行、平列而有次序。

和亲第四十八

大夫曰："昔徐偃王行义而灭，鲁哀公好儒而削。知文而不知武，知一而不知二。故君子笃仁以行，然必筑城以自守，设械以自备，为不仁者之害己也。是以古者，蒐①狝②振旅而数军实焉，恐民之愉③佚而亡戒难。故兵革者国之用，城垒者国之固也；而欲罢之，是去表见里，示匈奴心腹也。匈奴轻举潜进，以袭空虚，是犹不介④而当矢石之蹊，祸必不振。此边境之所惧，而有司之所忧也。"

文学曰："往者，通关梁，交有无，自单于以下，皆亲汉内附，往来长城之下。其后，王恢误谋马邑，匈奴绝和亲，攻当路塞⑤，祸纷挐⑥而不解，兵连而不息，边民不解甲弛弩⑦，行数十年，介胄⑧而耕耘，鉏耰而候望，燧燔烽举，丁壮弧⑨弦而

---

① 蒐（sōu）：春天打猎。
② 狝（xiǎn）：古代秋天出猎的名称。
③ 愉（tōu）：通"偷"，苟且，怠惰。
④ 介：通"甲"。
⑤ 攻当路塞：进攻交通要道上的关塞。
⑥ 纷挐（ná）：混乱貌。
⑦ 弛弩：放松弓弦。
⑧ 介胄（zhòu）：披甲戴盔。
⑨ 弧：木弓。

出斗，老者超越而入葆①。言之足以流涕寒心，则仁者不忍也。《诗》云：'投我以桃，报之以李。'未闻善往而有恶来者。故君子敬而无失，与人恭而有礼，四海之内，皆为兄弟也。故内省不疚，夫何忧何惧！"

大夫曰："自春秋诸夏之君，会聚相结，三会②之后，乖疑相从，伐战不止；六国从亲，冠带③相接，然未尝有坚约。况禽兽之国乎！《春秋》存君在楚，诘鼬之会书公，绐④夷、狄也。匈奴数和亲，而常先犯约，贪侵盗驱，长诈之国也。反复无信，百约百叛，若朱、象之不移，商均之不化⑤。而欲信其用兵之备，亲之以德，亦难矣。"

文学曰："王者中立⑥而听乎天下，德施方外，绝国殊俗，臻于阙廷⑦，凤皇在列树，麒麟在郊薮⑧，群生庶物，莫不被泽。非足行而仁办之也，推其仁恩而皇之，诚也。范蠡出于越，由余长于胡，皆为霸王贤佐。故政有不从之教，而世无不可化之民。《诗》云：'酌彼行潦，挹⑨彼注兹。'故公刘处戎、

---

① 葆：通"堡"，城堡。
② 三会：多次会盟。
③ 冠带：指戴帽束带。此处指山东六国派出的合纵使者。
④ 绐：通"殆"，危。
⑤ 不化：不能感化。
⑥ 中立：立于天下的中心。
⑦ 阙廷：朝廷。亦借指京城。
⑧ 郊薮（sǒu）：郊野草泽之地。
⑨ 挹（yì）：舀，汲取。

狄，戎、狄化之。太王去豳①，豳民随之。周公修德，而越裳氏来。其从善如影响。为政务以德亲近，何忧于彼之不改？"

---

① 豳（bīn）：同"邠"，古邑名。在今陕西旬邑西南。周族后稷的曾孙公刘由邰迁居于此，到文王祖父太王又迁于岐。

繇役第四十九

　　大夫曰："屠者解分①中理②，可横以手而离也；至其抽筋凿骨③，非行金斧不能决。圣主循性而化，有不从者，亦将举兵而征之，是以汤诛葛伯，文王诛犬夷。及后戎、狄猾夏，中国不宁，周宣王、仲山甫式遏寇虐。《诗》云：'薄伐猃狁④，至于太原。''出车彭彭，城彼朔方⑤。'自古明王不能无征伐而服不义，不能无城垒而御强暴也。"

　　文学曰："舜执干戚而有苗⑥服，文王底德而怀四夷。《诗》云：'镐京⑦辟雍，自西自东，自南自北，无思不服。'普天之下，惟人面⑧之伦，莫不引领而归其义。故画地为境，人

---

① 解分：解割肉骨。
② 中理：符合腠理。
③ 凿骨：砍断骨头。
④ 猃狁（xiǎn yǔn）：古族名。《史记》载黄帝北逐荤粥。殷周之际，分布在今陕西、甘肃北境及内蒙古自治区西部。从事游牧。
⑤ 朔方：北方。
⑥ 有苗：亦称"苗民"。古族名。《史记·五帝本纪》载其地在江、淮、荆州（今河南南部至湖南洞庭湖、江西鄱阳湖一带）。传说舜时被迁到三危（今甘肃敦煌一带）。
⑦ 镐（hào）京：与丰同为西周国都。故址在今陕西西安市长安区西北。
⑧ 人面：长有人的形状。

莫之犯。子曰：'白刃可冒，中庸不可入。'至德之谓也。故善攻不待坚甲而克，善守不待渠①梁而固。武王之伐殷也，执黄钺，誓牧之野，天下之士莫不愿为之用。既而偃兵，搢②笏③而朝，天下之民莫不愿为之臣。既以义取之，以德守之。秦以力取之，以法守之，本末不得，故亡。夫文犹可长用，而武难久行也。"

大夫曰："《诗》云：'猃狁孔炽，我是用戒。''武夫潢潢，经营四方。'故守御征伐，所由来久矣。《春秋》大戎未至而豫御之。故四支强而躬体固，华叶茂而本根据。故饬四境所以安中国也，发戍漕所以审劳佚也。主忧者臣劳，上危者下死。先帝忧百姓不赡，出禁钱④，解乘舆骖⑤，贬乐损膳⑥，以赈穷备边费。未见报施之义，而见沮成之理，非所闻也。"

文学曰："周道衰，王迹熄，诸侯争强，大小相凌。是以强国务侵，弱国设备。甲士劳战阵，役于兵革，故君劳而民困苦也。今中国为一统，而方内不安，徭役远而外内烦也。古者，无过年之繇，无逾时之役。今近者数千里，远者过万里，历二

---

① 渠：人工开凿的水道。
② 搢（jìn）：插。
③ 笏（hù）：亦称"手板"。即朝笏。古时大臣朝见时手中所执的狭长板子，用玉、象牙或竹片制成，以为指画、记事之用。
④ 禁钱：由少府掌管、供帝王使用的钱财。
⑤ 解乘舆骖：解下皇帝车舆上的骖马。
⑥ 贬乐损膳：减少音乐娱乐，降低伙食标准。

期①。长子不还，父母愁忧，妻子咏叹，愤懑之恨发动于心，慕思之积痛于骨髓。此《杕杜》②《采薇》③之所为作也。"

---

① 二期：两年。

② 《杕（dì）杜》：《诗经·小雅》篇名。《诗序》说是慰劳戍役归还者的诗。诗中写戍役者的家人盼望其归还的心情。

③ 《采薇》：《诗经·小雅》篇名。诗中反映从军者抗御狁的艰辛生活和怀归之情。《鲁诗》及《齐诗》皆说是周懿王时的作品。《诗序》则说是文王派遣戍卒时所唱的乐歌。也有人说是季历（文王父）时诗，一说系周宣王时作品。

险固第五十

大夫曰："虎兕所以能执熊罴、服群兽者，爪牙利而攫[1]便也。秦所以超诸侯、吞天下、并敌国者，险阻固而势居[2]然也。故龟猬有介，狐貉不能禽；蝮蛇[3]有螫，人忌而不轻。故有备则制人，无备则制于人。故仲山甫补衮职之阙，蒙公筑长城之固，所以备寇难，而折冲万里之外也。今不固其外，欲安其内，犹家人不坚垣墙，狗吠夜惊，而暗昧妄行也。"

文学曰："秦左殽、函，右陇阺，前蜀、汉，后山、河，四塞以为固，金城千里，良将勇士，设利器而守陉[4]隧[5]，墨子守云梯之械也。以为虽汤、武复生，蚩尤复起，不轻攻也。然戍卒陈胜无将帅之任，师旅之众，奋空拳而破百万之师，无墙篱之难。故在德不在固。诚以仁义为阻，道德为塞，贤人为兵，圣人为守，则莫能入。如此则中国无狗吠之警，而边境无鹿骇[6]狼

---

① 攫：鸟用爪疾取。
② 势居：地位。
③ 蝮蛇：亦称"短尾蝮""草上飞"。爬行纲，蝰科。有毒。
④ 陉（xíng）：狭窄的通道。
⑤ 隧：通常指穿凿在山岭、河流及地面以下的通道。
⑥ 鹿骇：鹿性易惊，喻惊惶纷扰之状。

顾①之忧矣。夫何妄行而之乎？"

　　大夫曰："古者，为国必察土地、山陵阻险②、天时地利，然后可以王霸。故制地城郭，饬沟垒，以御寇固国。《春秋》曰：'冬浚洙。'修地利也。三军顺天时，以实击虚，然困于阻险，敌于金城。楚庄之围宋，秦师败崤嵚崟③，是也。故曰：'天时不如地利。'羌、胡固，近于边，今不取，必为四境长患。此季孙之所以忧颛臾，有句贱之变④，而为强吴之所悔也。"

　　文学曰："地利不如人和，武力不如文德。周之致远，不以地利，以人和也。百世不夺，非以险，以德也。吴有三江、五湖之难，而兼于越。楚有汝渊、两堂之固，而灭于秦。秦有陇阺、崤塞，而亡于诸侯。晋有河、华、九阿，而夺于六卿。齐有泰山、巨海，而胁于田常。桀、纣有天下，兼于滈⑤亳。秦王以六合⑥困于陈涉。非地利不固，无术以守之也。释迩忧远，犹吴不内定其国，而西绝淮水与齐、晋争强也；越因其罢，击其虚。使吴王用申胥，修德，无恃极其众，则句践不免为藩臣海崖⑦，何谋之敢虑也？"

---

① 狼顾：狼行走时常回头后顾以防袭击。比喻人有后顾之忧。

② 阻险：谓山川艰险梗塞之地。

③ 嵚崟（qīn yín）：山高貌。

④ 句贱之变：指句践灭吴。句践，亦作"勾践"。春秋时越国君。越王允常之子。公元前497—前465年在位。

⑤ 滈：通"镐"，西周都城。

⑥ 六合：天、地和东、南、西、北四方。亦泛指天下。

⑦ 海崖：海边。

大夫曰："楚自巫山起方城，属巫、黔中，设扞关①以拒秦。秦包商、洛、崤、函，以御诸侯。韩阻宜阳、伊阙，要成皋、太行，以安周、郑。魏滨洛筑城、阻山带河，以保晋国。赵结飞狐、句注、孟门，以存邢、代②。燕塞碣石，绝邪谷，绕援辽。齐抚③阿、甄，关荣、历，倚太山④，负海、河。关梁者，邦国之固，而山川者，社稷之宝也。徐人灭舒，《春秋》谓之'取'，恶其无备，得物之易也。故恤来兵，仁伤刑。君子为国，必有不可犯之难。《易》曰：'重门击柝，以待暴客。'言备之素修也。"

文学曰："阻险不如阻义，昔汤以七十里，为政于天下，舒以百里，亡于敌国。此其所以见恶也。使关梁足恃，六国不兼于秦；河、山足保，秦不亡于楚、汉。由此观之：冲隆⑤不足为强，高城不足为固。行善则昌，行恶则亡。王者博爱远施，外内合同⑥，四海各以其职来祭，何击柝而待？《传》曰：'诸侯之有关梁，庶人之有爵禄，非升平⑦之兴，盖自战国始也。'"

---

① 扞（hàn）关：古关名。亦名"江关"。春秋楚筑。在今重庆奉节东长江北岸赤甲山上。东汉初公孙述东据扞关，尽有益州之地。后世亦称"楚关"。

② 邢、代：此处邢、代指赵国。

③ 抚：镇抚。

④ 太山：指泰山。

⑤ 冲隆：古兵车名。

⑥ 合同：同心同德。

⑦ 升平：太平。

论勇第五十一

　　大夫曰："荆轲怀数年之谋而事不就者，尺八匕首不足恃也。秦王惮于不意[1]，列断[2]贲、育者，介[3]七尺之利也。使专诸空拳，不免于为禽；要离无水，不能遂其功。世言强楚劲郑，有犀兕之甲，棠溪之铤也。内据金城，外任利兵，是以威行诸夏，强服敌国。故孟贲奋臂，众人轻之；怯夫有备，其气自倍。况以吴、楚之士，舞利剑，蹠强弩，以与貉虏[4]骋于中原？一人当百，不足道也！夫如此，则貉无交兵，力不支汉，其势必降。此商君之走魏，而孙膑之破梁也。"

　　文学曰："楚、郑之棠溪、墨阳，非不利也，犀胄兕甲，非不坚也，然而不能存者，利不足恃也。秦兼六国之师，据崤、函而御宇内，金石之固，莫耶[5]之利也。然陈胜无士民之资，甲兵之用，鉏櫌棘[6]橿[7]，以破冲隆。武昭不击，乌号[8]不发。所谓

---

① 不意：没想到，没有料到，此处意为意外。

② 列断：裂断。列，同"裂"。

③ 介：依赖。

④ 貉虏：对匈奴的蔑称。貉，通"貊"，泛指北方民族，此处指匈奴。

⑤ 莫耶：宝剑名。

⑥ 棘：酸枣树木棍。

⑦ 橿（jiāng）：锄柄。

⑧ 乌号：古良弓名。

金城者，非谓筑壤而高土，凿地而深池也。所谓利兵者，非谓吴、越之铤，干将①之剑也。言以道德为城，以仁义为郭，莫之敢攻，莫之敢入。文王是也。以道德为胄，以仁义为剑，莫之敢当，莫之敢御，汤、武是也。今不建不可攻之城，不可当之兵，而欲任匹夫②之役，而行三尺之刃，亦细矣！"

大夫曰："荆轲提匕首入不测之强秦；秦王惶恐失守备，卫者皆惧。专诸手剑摩③万乘，刺吴王，尸④孽⑤立正⑥，镐冠⑦千里。聂政自卫，由韩廷刺其主，功成求得，退自刑于朝，暴尸于市。今诚得勇士，乘强汉之威，凌无义之匈奴，制其死命，责以其过，若曹沫之胁齐桓公，遂其求。推锋折锐，穿庐扰乱，上下相遁，因以轻锐随其后。匈奴必交臂⑧不敢格也。"

文学曰："汤得伊尹，以区区之亳兼臣海内，文王得太公，廓⑨酆、鄗以为天下，齐桓公得管仲以霸诸侯，秦穆公得由余，西戎八国服。闻得贤圣而蛮、貊来享，未闻劫杀人主以怀远也。《诗》云：'惠此中国，以绥四方。'故'自彼氐、羌，莫不来王'。非畏其威，畏其德也。故义之服无义，疾于原马良弓；以之召远，疾于驰传重驿。"

---

① 干将：宝剑名。

② 匹夫：此处指刺客。

③ 摩：迫近。

④ 尸：陈尸。

⑤ 孽：古时指庶子，即妾媵所生之子，此处指吴王僚。

⑥ 立正：立真正王嗣公子光。

⑦ 镐冠：白色丧帽。镐，通"缟"，细白的生绢。

⑧ 交臂：两臂相交，犹拱手。表示降服。

⑨ 廓：扩张。

论功第五十二

大夫曰："匈奴无城廓①之守，沟池之固，修②戟强弩之用，仓廪府库之积，上无义法，下无文理，君臣嫚易，上下无礼，织柳为室，旃廗③为盖。素弧骨镞，马不粟食④。内则备不足畏，外则礼不足称。夫中国天下腹心，贤士之所总，礼义之所集，财用之所殖也。夫以智谋愚，以义伐不义，若因秋霜而振落叶。《春秋》曰：'桓公之与戎、狄，驱之尔。'况以天下之力乎？"

文学曰："匈奴车器无银黄丝漆之饰，素成⑤而务坚，丝无文采裙祎曲襟之制，都成而务完。男无刻镂奇巧之事，宫室城郭之功。女无绮绣淫巧之贡，纤绮罗纨之作。事省而致用，易成而难弊。虽无修戟强弩，戎马良弓；家有其备，人有其用，一旦有急，贯弓上马而已。资粮不见案首⑥，而支数十日之食，因山谷为城郭，因水草为仓廪。法约而易辨，求寡而易供。是以刑

---

① 廓：通"郭"，外城。
② 修：长。
③ 廗（xí）：通"席"。
④ 不粟食：不用谷子喂。
⑤ 素成：以朴素本色制成。
⑥ 案首：食案之上。

省而不犯，指麾①而令从。媠于礼而笃于信，略于文而敏于事。故虽无礼义之书，刻骨卷木，百官有以相记，而君臣上下有以相使。群臣为县官计者，皆言其易，而实难，是以秦欲驱之而反更亡也。故兵者凶器，不可轻用也。其以强为弱，以存为亡，一朝尔也。"

大夫曰："鲁连有言：'秦权使其士，虏使其民。'故政急而不长。高皇帝受命平暴乱，功德巍巍②，惟天同大焉。而文、景承绪润色之。及先帝征不义，攘无德，以昭仁圣之路，纯③至德之基，圣王累年仁义之积也。今文学引亡国失政之治，而况之于今，其谓匈奴难图，宜矣！"

文学曰："有虞氏之时，三苗不服，禹欲伐之，舜曰：'是吾德未喻也。'退而修政，而三苗服。不牧之地，不羁④之民，圣王不加兵，不事力焉，以为不足烦百姓而劳中国也。今明主修圣绪，宣德化，而朝有权使之谋，尚首功之事，臣固怪之。夫人臣席天下之势，奋国家之用，身享其利而不顾其主，此尉佗、章邯所以成王，秦失其政也。孙子曰：'今夫国家之事，一日更百变，然而不亡者，可得而革也。逮出兵乎平原广牧，鼓鸣矢流，虽有尧、舜之知，不能更也。'战而胜之，退修礼义，继三代之迹，仁义附矣。战胜而不休，身死国亡者，吴王是也。"

---

① 指麾：同"指挥"。

② 巍巍：高大貌。

③ 纯：使动词，使之纯洁。

④ 羁：本意为马笼头，引申为约束、驯服。

大夫曰："顺风而呼者易为气，因时而行者易为力。文、武怀余力，不为后嗣计，故三世而德衰，昭王南征，死而不还。凡伯囚执，而使不通，晋取郊、沛，王师败于茅戎。今西南诸夷，楚庄之后；朝鲜之王，燕之亡民也。南越尉佗起中国，自立为王，德至薄，然皆亡[1]天下之大，各自以为一州，倔强倨敖，自称老夫。先帝为万世度，恐有冀州之累，南荆之患，于是遣左将军楼船平之，兵不血刃，咸为县官也。七国之时，皆据万乘，南面称王，提珩[2]为敌国累世，然终不免俛首系虏于秦。今匈奴不当汉家之巨郡，非有六国之用，贤士之谋。由此观难易，察然可见也。"

文学曰："秦灭六国，虏七王[3]，沛然有余力，自以为蚩尤不能害，黄帝不能斥。及二世弑死望夷[4]，子婴系颈降楚，曾不得七王之俯首。使六国并存，秦尚为战国，固未亡也。何以明之？自孝公以至于始皇，世世为诸侯雄，百有余年。及兼天下，十四岁而亡。何则？外无敌国之忧，而内自纵恣[5]也。自非圣人，得志而不骄佚者，未之有也。"

---

① 亡：通"忘"，忘记。

② 提珩：亦作"提衡"，相等，相对。

③ 七王：韩王安、赵王迁、魏王假、楚王负刍、燕王喜、代王嘉、齐王建。

④ 望夷：秦代宫名。故址在今陕西省泾阳县东南，因东北临泾水以望北夷，故名。

⑤ 纵恣：肆意放纵。

论邹第五十三

大夫曰：“邹子疾晚世之儒墨，不知天地之弘，昭旷[1]之道，将一曲而欲道九折，守一隅[2]而欲知万方，犹无准平[3]而欲知高下，无规矩而欲知方圆也。于是推大圣终始之运，以喻王公，先列中国名山通谷[4]，以至海外。所谓中国者，天下八十一分之一，名曰赤县神州，而分为九州。绝陵陆不通，乃为一州，有大瀛海[5]圜其外。此所谓八极，而天地际焉。《禹贡》亦著山川高下原隰[6]，而不知大道之径。故秦欲达九州而方瀛海，牧胡而朝万国。诸生守畦亩之虑，闾巷之固，未知天下之义也。”

文学曰：“尧使禹为司空[7]，平水土，随山刊[8]木，定高下

---

① 昭旷：昭明辽阔。

② 隅：角落，墙角。

③ 准平：测量平面的仪器。

④ 通谷：往来无阻的山谷。

⑤ 瀛（yíng）海：大海。《论衡·谈天》："九州之外，更有瀛海。"

⑥ 隰（xí）：低下的湿地。

⑦ 司空：掌管土木工程的辅政大臣。相传商代已置，为天子五官（司徒、司马、司空、司士、司寇）之一。西周为三公（司徒、司马、司空）之一，金文多作"司工"。

⑧ 刊：砍，削。

而序九州。邹衍非圣人，作怪误①，荧惑六国之君，以纳其说。此《春秋》所谓'匹夫荧惑诸侯'者也。孔子曰：'未能事人，焉能事鬼神？'近者不达，焉能知瀛海？故无补于用者，君子不为；无益于治者，君子不由。三王信经道，而德光于四海；战国信嘉言②，而破亡如丘山。昔秦始皇已吞天下，欲并万国，亡其三十六郡；欲达瀛海，而失其州县。知大义如斯，不如守小计③也。"

---

① 怪误：奇怪欺骗之说。
② 嘉言：好话，此处指蛊惑人心的言论。
③ 小计：指"经道"。

论灾第五十四

大夫曰："巫祝不可与并祀，诸生不可与逐语①，信往疑今，非人自是。夫道古者稽②之今，言远者合之近。日月在天，其征在人，灾异之变，夭寿之期，阴阳之化，四时之叙③，水火金木，妖祥之应，鬼神之灵，祭祀之福，日月之行，星辰之纪，曲言④之故，何所本始？不知则默，无苟乱耳。"

文学曰："始江都相董生推言阴阳，四时相继，父生之，子养之，母成之，子藏之。故春生，仁；夏长，德；秋成，义；冬藏，礼。此四时之序，圣人之所则也。刑不可任以成化，故广德教。言远必考之迹，故内恕以行，是以刑罚若加于己，勤劳若施于身。又安能忍杀其赤子，以事无用⑤，罢弊所恃，而达瀛海乎？盖越人美蠃蚌而简⑥太牢，鄙夫乐咋唶⑦而怪韶濩。故不知味者，以芬香为臭，不知道者，以美言为乱耳。人无天

---

① 逐语：相随一起讨论问题。逐，追随。

② 稽：考查。

③ 叙：通"序"，顺序。

④ 曲言：婉言。

⑤ 无用：指征服北方荒漠之地。

⑥ 简：怠慢，轻视。

⑦ 咋唶（zé jiè）：指呼喊吆喝声。

207

寿，各以其好恶为命。羿、敖①以巧力不得其死，智伯以贪狠亡其身。天灾之证，祯祥②之应，犹施与之望报，各以其类及。故好行善者，天助以福，符瑞是也。《易》曰：'自天佑之，吉无不利。'好行恶者，天报以祸，妖灾是也。《春秋》曰：'应是而有天灾。'周文、武尊贤受谏，敬戒不殆，纯德上休，神祇相况。《诗》云：'降福穰穰，降福简简③。'日者阳，阳道明；月者阴，阴道冥；君尊臣卑之义。故阳光盛于上，众阴之类消于下；月望于天，蚌蛤盛于渊。故臣不臣，则阴阳不调，日月有变；政教不均，则水旱不时，螟螣生。此灾异之应也。四时代叙，而人则其功，星列于天，而人象④其行。常星⑤犹公卿也，众星犹万民也。列星正则众星齐，常星乱则众星坠矣。"

大夫曰："文学言刚柔之类，五胜相代生⑥。《易》明于阴阳，《书》长于五行。春生夏长，故火生于寅木，阳类也；秋生冬死，故水生于申金，阴物也。四时五行，迭废迭兴，阴阳异类，水火不同器。金得土而成，得火而死，金生于巳，何说何言然⑦乎？"

---

① 敖：通"鳌（áo）"，夏代寒浞之子。

② 祯祥：吉兆。

③ 简简：盛大貌。

④ 象：模拟，仿效。

⑤ 常星：恒星。汉文帝名叫刘恒，汉人为避名讳而称"恒"为"常"。

⑥ 五胜相代生：五行相胜，金胜木，木胜土，土胜水，水胜火，火胜金。胜，克。代，替代。

⑦ 然：对。

文学曰："兵者，凶器也。甲坚兵利，为天下殃。以母①制子②，故能久长。圣人法之，厌③而不阳④。《诗》云：'载戢干戈，载櫜弓矢，我求懿⑤德，肆于时夏。'衰世不然。逆天道以快⑥暴心，僵尸血流，以争壤土。牢人之君，灭人之祀，杀人之子，若绝草木，刑者肩靡⑦于道。以己之所恶而施于人。是以国家破灭，身受其殃，秦王是也。"

大夫曰："金生于巳，刑罚小加，故荠⑧麦夏死。《易》曰：'履霜，坚冰至。'秋始降霜，草木陨零，合冬行诛，万物毕藏。春夏生长，利以行仁。秋冬杀藏⑨，利以施刑。故非其时而树，虽生不成。秋冬行德，是谓逆天道。《月令》：'凉风至，杀气动，蜻蛚⑩鸣，衣裳成。天子行微刑，始貙蒌⑪，以顺天令。'文学同四时，合阴阳，尚德而除刑。如此，则鹰隼不鸷，猛兽不攫，秋不苋狝，冬不田狩者也。"

文学曰："天道好生恶杀，好赏恶罪。故使阳居于实而宣德

---

① 母：比喻火，指德。
② 子：比喻金，指兵。
③ 厌：通"压"，倾覆。
④ 阳：一本作"扬"，显扬。
⑤ 懿：美，美德。
⑥ 快：称快。
⑦ 肩靡：肩与肩相摩，形容人多拥挤。
⑧ 荠：荠菜。
⑨ 杀藏：肃杀收藏。
⑩ 蜻蛚（liè）：蟋蟀。
⑪ 貙（chū）蒌：为立秋祭礼。貙，兽名。《尔雅·释兽》："貙，似狸。"传说貙常以立秋日杀物祭兽，因此有"貙蒌"之祭。

施，阴藏于虚而为阳佐辅。阳刚阴柔，季不能加孟。此天贱冬而贵春，申阳屈阴。故王者南面而听天下，背阴向阳，前德而后刑也。霜雪晚至，五谷犹成。雹雾夏陨，万物皆伤。由此观之：严刑以治国，犹任秋冬以成谷也。故法令者，治恶之具也，而非至治之风也。是以古者，明王茂①其德教，而缓其刑罚也。网漏吞舟之鱼，而刑审于绳墨之外，及臻其末，而民莫犯禁也。"

---

① 茂：加强。

卷十

刑德第五十五

　　大夫曰："令者所以教民也，法者所以督奸也。令严而民慎，法设而奸禁。网疏则兽失，法疏则罪漏。罪漏则民放佚而轻犯禁。故禁不必①，怯夫徼幸②；诛诚③，跖、蹻不犯。是以古者作五刑，刻肌肤而民不逾矩。"

　　文学曰："道径众，人不知所由④；法令众，民不知所辟。故王者之制法，昭乎如日月，故民不迷；旷乎若大路，故民不惑。幽隐远方，折乎知之，室女⑤童妇，咸知所避。是以法令不犯，而狱犴⑥不用也。昔秦法繁于秋荼，而网密于凝脂。然而上下相遁⑦，奸伪萌生，有司治之，若救烂⑧扑焦⑨，而不能禁；非网疏而罪漏，礼义废而刑罚任也。方今律令百有余篇，

---

① 必：果断，坚决。
② 徼幸：同"侥幸"，指企图获得意外的成功或免去不幸。
③ 诚：意同"必"，指坚决执行。
④ 由：经过。
⑤ 室女：未出嫁的女子。
⑥ 犴（àn）：狴犴，传说中的兽名。杨慎《升庵集》："俗传龙生九子不成龙……四曰狴犴，形似虎，有威力，故立于狱门。"旧时狱门上绘狴犴，故狴犴又作为牢狱的代称。
⑦ 遁：本意为逃避，引申为隐瞒、欺骗。
⑧ 救烂：补救破烂的衣服。
⑨ 扑焦：扑灭烧焦的东西。

文章①繁，罪名重，郡国用之疑惑，或浅或深，自吏明习者，不知所处，而况愚民！律令尘蠹于栈阁②，吏不能遍睹，而况于愚民乎！此断狱所以滋众，而民犯禁滋多也。'宜犴宜狱，握粟出卜，自何能榖③？'刺刑法繁也。亲服之属甚众，上杀下杀④，而服不过五。五刑之属三千，上附下附，而罪不过五。故治民之道，务笃其教而已。"

大夫曰："文学言王者立法，旷若大路。今驰道⑤不小也，而民公犯之，以其罚罪之轻也。千仞之高，人不轻凌，千钧⑥之重，人不轻举。商君刑弃灰⑦于道，而秦民治。故盗马者死，盗牛者加⑧，所以重本而绝轻疾之资⑨也。武兵名食，所以佐边而重武备也。盗伤与杀同罪，所以累其心而责其意也。犹鲁以楚师伐齐，而《春秋》恶之。故轻之为重，浅之为深，有缘而然。法

---

① 文章：礼乐法度。
② 栈阁：存放物品的屋子。
③ 榖：善，良好。
④ 上杀下杀：《礼记·丧服小记》："上杀，下杀，旁杀，而亲毕矣。"郑玄注："杀，谓亲益疏者，服之则轻。"孔颖达疏："上杀者，据己上服父祖而减杀……下杀者，谓下于子孙而减杀。"以自己为基点，向上推算，血缘关系愈亲近，丧服愈重，血缘关系愈疏远，丧服愈轻，依次减杀，如为父亲服丧三年，为祖父服丧一年等，这叫作上杀。以自己为基点，向下推算，依次减杀丧服，如为子服丧一年，为孙服丧九月等，这叫作下杀。
⑤ 驰道：专供帝王行驶马车的道路。
⑥ 钧：古代重量单位之一。《文选·张衡〈西京赋〉》："洪钟万钧。"薛综注："三十斤曰钧。"
⑦ 弃灰：倾倒炉灰。
⑧ 加：通"枷"，枷锁。
⑨ 资：泛指车马设备。

之微者，固非众人之所知也。"

文学曰："《诗》云：'周道如砥，其直如矢。'言其易也。'君子所履，小人所视。'言其明也。故德明而易从，法约而易行。今驰道经营①陵陆，纡周②天下，是以万里为民阱也。蔚罗张而县其谷，辟陷③设而当其蹊，矰④弋饰而加其上，能勿离乎？聚其所欲，开其所利，仁义陵迟，能勿逾乎？故其末途，至于攻城入邑，损府库之金，盗宗庙之器，岂特千仞之高、千钧之重哉！管子曰：'四维不张，虽皋陶不能为士。'故德教废而诈伪行，礼义坏而奸邪兴，言无仁义也。仁者，爱之效⑤也；义者，事之宜也。故君子爱仁以及物，治近以及远。《传》曰：'凡生之物，莫贵于人；人主之所贵，莫重于人。'故天之生万物以奉人也，主爱人以顺天也。闻以六畜禽兽养人，未闻以所养害人者也。鲁厩焚，孔子罢朝，问人不问马，贱畜而重人也。今盗马者罪死，盗牛者加。乘骑车马行驰道中，吏举苛而不止，以为盗马，而罪亦死。今伤人持其刀剑而亡，亦可谓盗武库兵而杀之乎？人主立法而民犯之，亦可以为逆面⑥轻主约乎？深之可以死，轻之可以免，非法禁之意也。法者，缘

---

① 营：绕行。
② 纡周：纡回环绕。
③ 辟陷：陷人于罪的手法。
④ 矰（zēng）：古代射鸟用的拴着丝绳的短箭。
⑤ 效：效应，体现。
⑥ 逆面：当面。

人情而制，非设罪以陷人也。故《春秋》之治狱，论心定罪。志善而违于法者免，志恶而合于法者诛。今伤人未有所害，志不甚恶而合于法者，谓盗而伤人者耶？将执法者过耶？何于人心不厌也！古者，伤人有创者刑，盗有臧①者罚，杀人者死。今取人兵刃以伤人，罪与杀同，得无非其至意②与？"

大夫俯仰未应对。

御史曰："执法者国之辔衔，刑罚者国之维③楫也。故辔衔不饬，虽王良不能以致远；维楫不设，虽良工不能以绝水。韩子疾有国者不能明其法势，御其臣下，富国强兵，以制敌御难，惑于愚儒之文词，以疑贤士之谋，举浮淫④之蠹，加之功实之上，而欲国之治，犹释阶而欲登高，无衔橛⑤而御捍⑥马也。今刑法设备，而民犹犯之，况无法乎？其乱必也！"

文学曰："辔衔者，御之具也，得良工而调。法势者，治之具也，得贤人而化。执辔非其人，则马奔驰。执轴⑦非其人，则船覆伤⑧。昔吴使宰嚭持轴而破其船，秦使赵高执辔而覆其车。

---

① 臧：通"赃"。
② 至意：本意。
③ 维：系物的大绳。
④ 浮淫：轻薄淫逸。
⑤ 橛（jué）：马口所衔的横木。
⑥ 捍：通"悍"，强悍。
⑦ 执轴：掌舵。
⑧ 覆伤：倾覆损坏。

今废仁义之术，而任刑名之徒，则复吴、秦之事也。夫为君者法三王，为相者法周公，为术者法孔子，此百世不易之道也。韩非非先王而不遵，舍正令而不从，卒蹈陷阱，身幽囚，客死于秦。夫不通大道而小辩，斯足以害其身而已。”

申韩第五十六

御史曰："待周公而为相，则世无列国。待孔子而后学，则世无儒、墨。夫衣小缺，憏①裂②可以补，而必待全匹而易之；政小缺，法令可以防，而必待《雅》《颂》乃治之；是犹舍邻之医，而求俞跗③而后治病，废污池之水，待江、海而后救火也。迂而不径，阙而无务，是以教令不从而治烦乱。夫善为政者，弊则补之，决则塞之，故吴子以法治楚、魏，申、商以法强秦、韩也。"

文学曰："有国者选众而任贤，学者博览而就善④，何必是周公、孔子！故曰法之而已。今商鞅反圣人之道，变乱秦俗，其后政耗乱⑤而不能治，流失⑥而不可复，愚人纵火于沛泽，不能复振；蜂虿螫人，放死⑦不能息其毒也。烦而止之，躁而静之，上下劳扰，而乱益滋。故圣人教化，上与日月俱照，下与天地同

---

① 憏（chì）：残帛。
② 裂：缯帛的残余。
③ 俞跗：传说为黄帝时良医。
④ 就善：择善而从。
⑤ 耗乱：昏乱。
⑥ 流失：指失去良风善俗。
⑦ 放死：指将蜂、虿放跑弄死。

流，岂曰小补之哉！"

御史曰："衣缺不补，则日以甚，防漏①不塞，则日益滋②。大河之始决于瓠子也，涓涓尔，及其卒，泛滥为中国害，灾梁、楚，破曹、卫，城郭坏沮，蓄积漂流，百姓木栖③，千里无庐，令孤寡无所依，老弱无所归。故先帝闵悼其灾，亲省河堤，举禹之功，河流以复，曹、卫以宁。百姓戴其功，咏其德，歌'宣房塞，万福来'焉，亦犹是也，如何勿小补哉！"

文学曰："河决若瓮口，而破千里，况礼决乎？其所害亦多矣！今断狱岁以万计，犯法兹多，其为灾岂特曹、卫哉！夫知塞宣房而福来，不知塞乱原而天下治也。周国用之，刑错不用，黎民若四时各终其序，而天下不孤。《颂》曰：'绥我眉寿，介以繁祉④。'此夫为福，亦不小矣！诚信礼义如宣房，功业已立，垂拱无为，有司何补，法令何塞也？"

御史曰："犀铫⑤利锄，五谷之利而间草之害也。明理正法，奸邪之所恶而良民之福也。故曲木恶直绳，奸邪恶正法。是以圣人审于是非，察于治乱，故设明法，陈严刑，防非矫邪，若隐括⑥辅檠⑦之正弧剌⑧也。故水者火之备，法者止奸之禁也。无

---

① 防漏：堤防漏水。
② 滋：指漏洞越来越大。
③ 木栖：爬到树上栖息。
④ 祉（zhǐ）：幸福，福气。
⑤ 犀铫（yáo）：犀利的大锄。
⑥ 隐括：矫正斜曲的器具。
⑦ 辅檠（qíng）：矫正弓弩的器具。
⑧ 弧剌：犹狐剌。

法势，虽贤人不能以为治；无甲兵，虽孙、吴不能以制敌。是以孔子倡以仁义而民从风，伯夷遁首阳而民不可化。"

文学曰："法能刑人而不能使人廉，能杀人而不能使人仁。所贵良医者，贵其审消息①而退邪气也，非贵其下针石而钻肌肤也。所贵良吏者，贵其绝恶于未萌，使之不为，非贵其拘之图圄②而刑杀之也。今之所谓良吏者，文察③则以祸其民，强力则以厉④其下，不本法之所由生，而专己之残心，文诛假法，以陷不辜，累无罪，以子及父，以弟及兄，一人有罪，州里惊骇，十家奔亡，若痈疽之相淳⑤，色淫之相连，一节动而百枝摇。《诗》云：'舍彼有罪，沦胥以铺。'痛伤无罪而累也。非患铫耨之不利，患其舍草而芸⑥苗也。非患无准平，患其舍枉而绳直也。故亲近为过不必诛，是锄不用也；疏远有功不必赏，是苗不养也。故世不患无法，而患无必行之法也。"

---

① 审消息：审察脉象阴阳盛衰。
② 图圄（líng yǔ）：牢狱。
③ 文察：根据法律条文苛察。
④ 厉：残害。
⑤ 淳（nìng）：原意为泥浆，此处指毒疮溃烂。
⑥ 芸：通"耘"，除草。

周秦第五十七

御史曰："《春秋》无名号，谓之云盗，所以贱刑人而绝之人伦①也。故君不臣，士不友，于闾里无所容②。故民耻犯之。今不轨之民，犯公法以相宠③，举弃其亲，不能伏节④死理，遁逃相连，自陷于罪，其被刑戮，不亦宜乎？一室之中，父兄之际，若身体相属，一节动而知于心。故今自关内侯以下，比⑤地于伍，居家相察，出入相司⑥，父不教子，兄不正弟，舍是谁责乎？"

文学曰："古者，周其礼而明其教，礼周教明，不从者然后等之以刑，刑罚中，民不怨。故舜施四罪而天下咸服，诛不仁也。轻重各服其诛，刑必加而无赦，赦惟疑者。若此，则世安得不轨之人而罪之？今杀人者生，剽攻⑦窃盗者富。故良民内解怠，辍耕而陨心⑧。古者，君子不近刑人，刑人非人也，身放

---

① 人伦：指各类人。
② 容：立足容身。
③ 相宠：互相以为光荣。宠，尊崇。
④ 伏节：伏罪。
⑤ 比：并列，紧靠。
⑥ 司：通"伺"，探问消息。
⑦ 剽攻：抢劫，掠夺。
⑧ 陨心：失去信心。

殛而辱后世，故无贤不肖，莫不耻也。今无行之人，贪利以陷其身，蒙戮辱而捐礼义，恒于苟生。何者？一日下蚕室①，创未瘳②，宿卫人主，出入宫殿，由得受奉禄，食大官享赐，身以尊荣，妻子获其饶。故或载卿相之列，就刀锯③而不见闵，况众庶乎？夫何耻之有！今废其德教，而责之以礼义，是虐民也。

　　"《春秋传》曰：'子有罪，执其父。臣有罪，执其君，听失之大者也。'今以子诛父，以弟诛兄，亲戚相坐，什伍④相连，若引根本之及华叶，伤小指之累四体也。如此，则以有罪反诛无罪，无罪者寡矣。臧文仲治鲁，胜其盗而自矜。子贡曰：'民将欺，而况盗乎！'故吏不以多断为良，医不以多刺为工。子产刑二人，杀一人，道不拾遗，而民无诬心⑤。故为民父母，以养疾子⑥，长恩厚而已。自首匿相坐之法立，骨肉之恩废，而刑罪多矣。父母之于子，虽有罪犹匿之，其不欲服罪尔。闻子为父隐，父为子隐，未闻父子之相坐也。闻兄弟缓追以免贼，未闻兄弟之相坐也。闻恶恶止其人，疾始而诛首恶，未闻什伍而相坐也。《老子》曰：'上无欲而民朴，上无事而民自富。'君君臣臣，父父子子。比地何伍，而执政何责也？"

---

① 蚕室：古时受宫刑者的牢狱。

② 瘳（chōu）：病愈。

③ 刀锯：古代的刑具。《汉书·刑法志》："中刑用刀锯。"颜师古注引韦昭曰："刀，割刑。锯，刖刑也。"

④ 什伍：古代户籍与军队的编制。户籍以五家为伍，十家为什；军队以五人为伍，二伍为什。

⑤ 诬心：欺骗心理。

⑥ 疾子：有病的儿子。

御史曰："夫负千钧之重，以登无极①之高，垂峻崖之峭谷，下临不测之渊，虽有庆忌之捷，贲、育之勇，莫不震慑悼栗②者，知坠则身首肝脑涂山石也。故未尝灼而不敢握火者，见其有灼也。未尝伤而不敢握刃者，见其有伤也。彼以知为非，罪之必加，而戮及父兄，必惧而为善。故立法制辟，若临百仞之壑，握火蹈刃，则民畏忌，而无敢犯禁矣。慈母有败子，小不忍也。严家无悍虏，笃责急也。今不立严家之所以制下，而修慈母之所以败子，则惑矣。"

文学曰："纣为炮烙③之刑，而秦有收帑之法④，赵高以峻文决罪于内，百官以峭法断割⑤于外，死者相枕席⑥，刑者相望，百姓侧目重足，不寒而栗。《诗》云：'谓天盖高，不敢不局。谓地盖厚，不敢不蹐。哀今之人，胡为虺蜴！'方此之时，岂特冒蹈刃哉？然父子相背，兄弟相嫚，至于骨肉相残，上下相杀。非刑轻而罚不必，令太严而仁恩不施也。故政宽则下亲其上，政严则民谋其主，晋厉以幽，二世见杀，恶⑦在峻法之不

---

① 无极：没有穷尽，看不到山顶。

② 栗：恐惧。

③ 炮烙：本作"炮格"。相传是殷代所用的一种酷刑。用炭烧铜柱使热，令有罪者爬行其上。人堕入火炭中即被烧死。

④ 收帑之法：将犯人妻子收录为官府奴婢。帑，通"孥（nú）"，妻子儿女。

⑤ 断割：指肢体被斩断刺割。

⑥ 枕席：同"枕藉"，纵横相枕而卧。

⑦ 恶：通"乌"，哪里。

犯，严家之无悍虏也？圣人知之，是以务和而不务威。故高皇帝约秦苛法，以慰怨毒之民，而长和睦之心，唯恐刑之重而德之薄也。是以恩施无穷，泽流后世。商鞅、吴起以秦、楚之法为轻而累之，上危其主，下没其身，或非特慈母乎！"

诏圣第五十八

御史曰："夏后氏不倍言，殷誓，周盟，德信弥衰。无文、武之人，欲修其法，此殷、周之所以失势，而见夺于诸侯也。故衣弊①而革才②，法弊而更制。高皇帝时，天下初定，发德音，行一切③之令，权也，非拨乱反正之常也。其后，法稍犯，不正于理。故奸萌而《甫刑》作，王道衰而《诗》刺彰，诸侯暴而《春秋》讥。夫少目④之网不可以得鱼，三章之法不可以为治。故令不得不加，法不得不多。唐、虞画衣冠非阿，汤、武刻肌肤非故，时世不同，轻重之务异也。"

文学曰："民之仰法，犹鱼之仰水，水清则静，浊则扰；扰则不安其居，静则乐其业；乐其业则富，富则仁生，赡则争止。是以成、康之世，赏无所施，法无所加。非可刑而不刑，民莫犯禁也；非可赏而不赏，民莫不仁也。若斯，则吏何事而理？今之治民者，若拙御之御马也，行则顿之，止则击之。身创

---

① 衣弊：衣服破了。
② 革才：重新裁制新衣。才，通"裁"。
③ 一切：一时权变。
④ 目：孔眼，网眼。

于棰，吻①伤于衔，求其无失，何可得乎？乾谿之役土崩②，梁氏内溃，严刑不能禁，峻法不能止。故罢马不畏鞭棰，罢民不畏刑法。虽曾而累之，其亡益乎？”

御史曰：“严墙③三刃，楼季④难之；山高干云⑤，牧竖登之。故峻则楼季难三刃，陵夷则牧竖易山巅。夫烁金⑥在炉，庄蹻不顾；钱刀在路，匹妇掇之；非匹妇贪而庄蹻廉也，轻重之制异，而利害之分明也。故法令可仰而不可逾，可临而不可入。《诗》云：‘不可暴虎，不敢冯河。’为其无益也。鲁好礼而有季、孟之难，燕哙好让而有子之之乱。礼让不足禁邪，而刑法可以止暴。明君据法，故能长制群下，而久守其国也。”

文学曰：“古者，明其仁义之誓，使民不逾；不教而杀，是虐民也。与其刑不可逾，不若义之不可逾也。闻礼义行而刑罚中，未闻刑罚行而孝悌兴也。高墙狭基，不可立也。严刑峻法，不可久也。二世信赵高之计，渫⑦笃责而任诛断，刑者半道，死者日积。杀民多者为忠，厉民悉者为能。百姓不胜其求，黔首⑧不胜其刑，海内同忧而俱不聊生。故过任之事，父不

---

① 吻：嘴唇。
② 土崩：土崩瓦解，比喻完全崩溃，不可收拾。
③ 严墙：高墙。
④ 楼季：战国时魏国善于腾跳的勇士。
⑤ 干云：高入云霄。
⑥ 烁金：熔化金属。烁，通“铄”。
⑦ 渫（xiè）：繁重。
⑧ 黔首：战国、秦时对国民的称谓。

得于子；无已之求，君不得于臣。死不再生，穷鼠啮狸①，匹夫奔万乘，舍人折弓，陈胜、吴广是也。当此之时，天下俱起，四面而攻秦，闻不一期②而社稷为墟，恶在其能长制群下，而久守其国也？"

御史默然不对。

大夫曰："瞽师③不知白黑而善闻言，儒者不知治世而善訾议。夫善言天者合之人，善言古者考之今。令何为施？法何为加？汤、武全肌骨而殷、周治，秦国用之，法弊而犯。二尺四寸之律，古今一也，或以治，或以乱。《春秋》原罪，《甫刑》制狱。今愿闻治乱之本，周秦所以然乎？"

文学曰："春夏生长，圣人象而为令。秋冬杀藏，圣人则而为法。故令者教也，所以导民人；法者刑罚也，所以禁强暴也。二者，治乱之具，存亡之效也，在上所任。汤、武经礼义，明好恶，以道其民，刑罪未有所加，而民自行义，殷、周所以治也。上无德教，下无法则，任刑必诛，劓鼻盈蔂④，断足盈车，举河以西，不足以受天下之徒，终而以亡者，秦王也。非二尺四寸之律异，所行反古而悖民心也。"

---

① 穷鼠啮狸：狸，狸猫。比喻被人欺压过甚，虽力不敌，亦必反噬。

② 一期：一年。

③ 瞽（gǔ）师：盲乐师。

④ 劓（yì）鼻盈蔂（léi）：割下的鼻子装满土筐。劓，中国古代割掉犯人鼻子的刑罚。蔂，盛土的土筐。

大论第五十九

大夫曰："呻吟槁简①，诵死人之语，则有司不以文学。文学知狱之在廷后②而不知其事，闻其事而不知其务。夫治民者，若大匠之斫，斧斤而行之，中绳③则止。杜大夫、王中尉之等，绳之以法，断之以刑，然后寇止奸禁。故射者因槷④，治者因法。虞、夏以文，殷、周以武，异时各有所施。今欲以敦朴之时，治抏弊之民，是犹迁延而拯溺，揖让而救火也。"

文学曰："文王兴而民好善，幽、厉兴而民好暴，非性之殊，风俗使然也。故商、周之所以昌，桀、纣之所以亡也，汤、武非得伯夷之民以治，桀、纣非得跖、蹻之民以乱也，故治乱不在于民。孔子曰：'听讼吾犹人也，必也使无讼乎！'无讼者难，讼而听之易。夫不治其本而事其末，古之所谓愚，今之所谓智。以棰楚正乱，以刀笔⑤正文，古之所谓贼，今之所谓贤也。"

---

① 槁简：谓破旧的简册。
② 廷后：朝廷后面。
③ 中（zhòng）绳：木工用墨线取直，因谓合乎墨线为"中绳"。
④ 槷（niè）：箭靶。
⑤ 刀笔：诉讼状文，此处指刑罚。刀笔原意为写字的工具。古代用笔在竹简上写字，有误，则用刀刮去重写，所以"刀笔"连称。

大夫曰："俗非唐、虞之时，而世非许由之民，而欲废法以治，是犹不用隐括斧斤，欲挠曲直枉也。故为治者不待自善之民，为轮者不待自曲之木。往者，应少、伯正之属溃梁、楚，昆卢、徐谷之徒乱齐、赵，山东、关内暴徒，保①人阻险。当此之时，不任斧斤，折之以武，而乃始设礼修文，有似穷医，欲以短针而攻②疽，孔丘以礼说跖也。"

文学曰："残③材木以成室屋者，非良匠也。残贼民人而欲治者，非良吏也。故公输子因木之宜，圣人不费④民之性。是以斧斤简用，刑罚不任，政立而化成。扁鹊攻于凑理，绝邪气，故痈疽不得成形。圣人从事于未然，故乱原无由生。是以砭石藏而不施，法令设而不用。断已然，凿已发者，凡人也。治未形，睹未萌者，君子也。"

大夫曰："文学所称圣知者，孔子也，治鲁不遂，见逐于齐，不用于卫，遇围于匡，困于陈、蔡。夫知时不用犹说，强也；知困而不能已，贪也；不知见欺⑤而往，愚也；困辱不能死，耻也。若此四者，庸民之所不为也，而况君子乎！商君以景监见，应侯以王稽进。故士因士，女因媒。至其亲显，非媒士之力。孔子不以因进见而能往者，非贤士才女也。"

文学曰："孔子生于乱世，思尧、舜之道，东西南北，灼

---

① 保：通"堡"，聚集。

② 攻：此处意为治疗。

③ 残：伤害，毁坏。

④ 费：通"拂"，违背。

⑤ 见欺：被欺骗。

头濡足，庶几世主之悟。悠悠者皆是，君暗，大夫妒，孰合有媒？是以嫫母饰姿而矜夸，西子彷徨而无家。非不知穷厄而不见用，悼痛天下之祸，犹慈母之伏死子也，知其不可如何，然恶已。故适齐，景公欺之，适卫，灵公围，阳虎谤之，桓魋害之①。夫欺害圣人者，愚惑也；伤毁圣人者，狂狡②也。狡惑之人，非人也。夫何耻之有！《孟子》曰：'观近臣者以所为主，观远臣者以其所主。'使圣人伪容苟合，不论行择友，则何以为孔子也！"

大夫抚然③内惭，四据④而不言。当此之时，顺风承意之士如编，口张而不歙⑤，舌举而不下，暗然而怀重负而见责。大夫曰："诺，胶车倏逢雨⑥，请与诸生解。"

---

① 桓魋（tuí）害之：《史记·孔子世家》："孔子去曹适宋，与弟子习礼大树下。宋司马桓魋欲杀孔子，拔其树。孔子去。弟子曰：'可以速矣。'孔子曰：'天生德于予，桓魋其如予何！'"
② 狂狡：疯狂狡诈的人。
③ 抚然：茫然自失貌。抚，通"怃"。
④ 四据：四肢疲乏。古人席地跪坐，臀部放在足跟之上，两手离席很近，疲乏时以两手触地。
⑤ 歙（xī）：通"噏"，合。
⑥ 胶车倏（shū）逢雨：车子用胶粘合，遇到雨水后会散开，亦以喻分解。

杂论第六十

客曰："余睹盐铁之义^①，观乎公卿、文学、贤良之论，意指殊路，各有所出^②，或上仁义，或务权利。

"异哉吾所闻。周、秦粲然，皆有天下而南面焉，然安危长久殊世。始汝南朱子伯为予言：当此之时，豪俊并进，四方辐凑^③。贤良茂陵唐生、文学鲁国万生之伦，六十余人，咸聚阙庭，舒六艺之风，论太平之原。智者赞其虑，仁者明其施，勇者见其断，辩者陈其词。闿闿焉，侃侃^④焉，虽未能详备，斯可略观矣。然蔽于云雾，终废而不行，悲夫！公卿知任武可以辟地，而不知广德可以附远^⑤；知权利可以广用，而不知稼穑可以富国也。近者亲附，远者说德，则何为而不成，何求而不得？不出于斯路^⑥，而务畜利长威，岂不谬哉！

"中山刘子雍言王道，矫当世，复诸正，务在乎反本^⑦。直

---

① 义：通"议"，商量；讨论。

② 所出：所本。

③ 辐凑：车辐凑集于毂上，比喻人或物集聚一处。

④ 侃侃：和乐貌。

⑤ 附远：使远方异族归附。

⑥ 斯路：这个思路，指上文所说的"广德可以附远""稼穑可以富国"。

⑦ 反本：回归到王道根本。

而不徼^①，切而不燆^②，斌斌然斯可谓弘博君子矣。九江祝生奋由路之意，推史鱼之节，发愤懑，刺讥公卿，介然直而不挠，可谓不畏强御矣。桑大夫据当世，合时变，推道术，尚权利，辟略小辩，虽非正法，然巨儒宿学恧然^③，不能自解，可谓博物通士矣。然摄卿相之位，不引准绳，以道化下，放^④于利末，不师始古。《易》曰：'焚如弃如。'处非其位，行非其道，果陨其性，以及厥宗^⑤。车丞相即周、吕之列，当轴处中，括囊不言，容身而去，彼哉！彼哉！若夫群丞相御史，不能正议，以辅宰相，成同类，长同行，阿意苟合，以说其上，斗筲之人，道谀之徒，何足算哉！"

---

① 徼：窃取；抄袭。

② 燆：空洞，没有意味。

③ 恧（nǜ）然：惭愧的样子。

④ 放：依从。

⑤ 厥宗：殃及宗族。